AF643030

MANA

Von Almut Irmscher in der Reise-Lesebuch-Reihe bisher erschienen:
„Das Island-Lesebuch“ (978-3-95503-127-5)
„Das Norwegen-Lesebuch“ (978-3-95503-130-5)
„Das Dänemark-Lesebuch“ (978-3-95503-133-6)
„Das Irland-Lesebuch“ (978-3-95503-136-7)
„Das Schottland-Lesebuch“ (978-3-95503-139-8)
„Das England-Lesebuch“ (978-3-95503-142-8)
„Das Portugal-Lesebuch“ (978-3-95503-146-6)
„Das Italien-Lesebuch“ (978-3-95503-149-7)
„Das Griechenland-Lesebuch“ (978-3-95503-152-7)
„Das Schweden-Lesebuch“ (978-3-95503-177-0)
„Das Kroatien-Lesebuch“ (978-3-95503-180-0)
„Das Toskana-Lesebuch“ (978-3-95503-183-1)
Von Gunhild Hexamer in der Reise-Lesebuch-Reihe bisher erschienen:
„Das Kanada-Lesebuch – Der Osten“ (978-3-95503-186-2)
„Das Kanada-Lesebuch – Der Westen“ (978-3-95503-189-3)

Alle Bücher sind auch als E-Book erhältlich.

Bibliografische Information der Deutschen Nationalbibliothek
Die Deutsche Nationalbibliothek verzeichnet diese Publikation in der Deutschen Nationalbibliografie. Detaillierte bibliografische Daten sind im Internet unter http://dnb.dnb.de abrufbar.

© 2020 MANA-Verlag, www.mana-verlag.de
1. Auflage

Das Werk ist in allen Teilen urheberrechtlich geschützt. Jede Verwertung außerhalb der engen Grenzen des Urheberschutzgesetzes ist ohne Zustimmung der Verlage unzulässig. Das gilt insbesondere für Vervielfältigungen, Übersetzungen, Mikroverfilmungen und die Einspeicherung und Verarbeitung in elektronischen Systemen.

Titelfoto: Gunhild Hexamer (Moraine Lake, Alberta)
Bilder im Innenteil: Gunhild Hexamer

Umschlagentwurf, Satz und Layout: MANA-Verlag
Druck: Dardedze, Riga, EU

ISBN: 978-3-95503-189-3

Gunhild Hexamer

Das Kanada-Lesebuch

Der Westen

Impressionen und Rezepte
aus dem Land der Berge und Bären

Inhalt

Die Reise beginnt

Türkisblau schimmert der Moraine Lake im Tal der zehn Berggipfel. Als schroffe graue Zacken streben die „Ten Peaks“ in die Höhe, an ihren Hängen glitzern Schneefelder im Sonnenlicht. Dunkler Bergwald drängt sich bis ganz ans Ufer heran, als gelte es, kein Fleckchen unbewachsen zu lassen. Ein Windhauch kräuselt die Oberfläche des Sees. Auf dem Blau gleitet einsam ein Kanu.

Ein Motiv zum Malen schön. Es ist eines der vielen Bilder, die vor meinem inneren Auge zu leuchten beginnen, wenn ich an die Bergwelt der Rocky Mountains denke. Für die Besucher, die von weither anreisen, sind sie der Inbegriff des kanadischen Westens und das Ziel ihrer Sehnsucht. Gleich sechs Nationalparks gehen hier mehr oder minder ineinander über, oft nur durch einen Bergpass getrennt. Die Landschaft ist so grandios, so unglaublich schön, dass ich beim Betrachten ganz still werde und meine Sinne weit öffne, um all diese Herrlichkeit aufzunehmen.

Gletscher drängen zu Tal, wilde Flüsse strömen, Bäche gluckern, Wasserfälle rauschen, ein jeder in seiner eigenen Tonlage. Wilde Blumen sprenkeln die Bergwiesen, und auf der Passhöhe, gleich neben dem Wanderpfad, entfalten dichte Büschel von Indian Paintbrush ihre üppigen feuerroten Blüten.

Ein Weißwedelhirsch tritt aus dem Wald und beginnt, in Ruhe Gras zu rupfen. Oben am Berg entdecken wir eine Schneeziege, die den steinigen Hang hinunterklettert. Am

Rogers Pass kommen die Erdhörnchen keck aus ihren Löchern und schnuppern: Gibt's hier was zu essen? Die Touristen krümeln doch immer mit Keksen herum. Und dann die Bären! Eine Begegnung mit ihnen kann gefährlich sein, doch uns ist das Glück vergönnt, einen Schwarzbären und einen jungen Grizzly aus sicherer Entfernung beobachten zu dürfen.

Wir, das sind Peter und ich, ein erprobtes Reiseteam seit der Zeit, als wir uns während unseres Studiums in Cardiff, Wales, kennenlernten. Peter kümmert sich zuverlässig um den praktischen Teil der Reise und denkt an fast alles. Geduldig lässt er mich gewähren, wenn ich, hingerissen von den Wundern der Natur, hunderte von Fotos aufnehme – von einem Baum, einem Farnwedel oder einem kleinen Blümchen, das mich bezaubert hat. Gemeinsam sind wir schon tausende von Kilometern durch Kanada gefahren.

Begonnen hat unsere Reise in Vancouver, der grünen Metropole am Pazifik, wo wir zum ersten Mal die geheimnisvollen Totempfähle der Westküsten-Ureinwohner sehen, nur einen Spaziergang entfernt von den Wolkenkratzern der Innenstadt. Das kulturelle Erbe der First Nations wird uns noch an vielen anderen Orten begegnen.

Mit der Fähre setzen wir nach Vancouver Island über. Die schneeweiße *Coastal Celebration* navigiert auf sicherer Route durch die verzweigte Meerenge der Strait of Georgia, vorbei an kleinen, dicht bewaldeten Inseln, die wie dunkelgrüne Wuschelköpfe aus dem blauen Meer ragen. Auf Vancouver Island liegt Victoria, die Hauptstadt der Provinz British Columbia. Eine halbe Erdumrundung von Großbritannien entfernt – doch die Stadt erscheint so britisch, als wäre Queen Victoria erst gestern im altehrwürdigen Empress Hotel abgestiegen.

Das englische Flair verliert sich schnell, als wir auf dem Trans-Canada Highway weiterfahren, um zur wilden Küste des

Pacific Rim National Park zu gelangen. Vom Meer glatt und grau gewaschene Baumstämme stapeln sich am Strand, wie hingeworfen von einem Riesen, der es eilig hatte. Nicht weit entfernt liegt ein kleines Regenwaldgebiet, eines der letzten an der Westküste. Staunend lassen wir den Blick an den Baumgiganten emporwandern. Schon vor Jahrhunderten steckten sie als schmale Jungbäume ihre Wurzeln in diesen Boden, lange bevor die ersten europäischen Entdecker die Insel betraten.

British Columbia ist ein Wunderland voller Gegensätze. Durch das bergige Innere führen Straßen, an denen sich winzige Orte aufreihen, mit Namen wie 70 Mile House, 108 Mile House oder 150 Mile House. Sie wurden im 19. Jahrhundert als Raststationen für die durchziehenden Pioniere und Abenteurer gegründet.

Im Norden grenzt die Provinz an das Yukon Territory, wo die Goldsucher nach dem Klondike-Goldrausch eine neue Stadt zurückließen, Dawson City. Hier lebt man auch heute noch gut von den Erinnerungen an die alten Zeiten, als sich die Goldgräber nach getaner Schürfarbeit in den Bars und Saloons amüsierten.

Jenseits der Rocky Mountains erstrecken sich die Ebenen der drei Prärieprovinzen, Alberta, Saskatchewan und Manitoba. Ihre Geschichte hat 200 Jahre lang die Hudson's Bay Company geprägt, jene Handelsgesellschaft, die durch den Pelzhandel reich wurde. Und zwar nur deshalb, weil die Herren in Europa Kastorhüte zu tragen pflegten, gefertigt aus den gefilzten Fellhaaren des Bibers.

Die Prärie, die Grassteppe Nordamerikas, war in früheren Zeiten die Heimat der Bisons. Heute grasen in den trockenen Gebieten im Westen die Rinderherden riesiger Ranchbetriebe. Wenn in Calgary weithin vernehmbar Lassos zischen, Stiere brüllen und Pferde wiehern, begleitet von Jubel und Applaus, dann ist die Zeit der Calgary Stampede, der größten Rodeo-Show der Welt. Im regenreicheren Osten ziehen sich Weizen-, Mais- und Rapsfelder bis zum Horizont. Wie Türme in der flachen Landschaft ragen die Getreidespeicher in die Höhe, die Kathedralen der Prärie, wie sie mit liebevollem Spott genannt werden.

Im Norden der Prärieprovinzen schließen sich die Northwest Territories an und Nunavut, das von den Inuit verwaltete Gebiet. Hier, in der Weite der kanadischen Tundra, liegt die kleine Siedlung Cape Dorset, weltweit bekannt durch die Werke der einheimischen Künstler. In ihren Bildern, Grafiken und Skulpturen werden die nordische Natur und die Traditionen der Inuit auf einzigartige Weise lebendig.

Mit einem Besuch in Cape Dorset endet die Reise in diesem Buch. Der kanadische Westen hat uns unzählige Gesichter gezeigt: atemberaubend schöne, liebenswerte, überraschende und bisweilen auch erschreckende. Und lädt uns zu weiteren Entdeckungsreisen ein.

Hallo Welt – der Inukshuk

Michaëlle Jean, die Generalgouverneurin von Kanada, strahlte, als sie vor die Mikrofone trat und verkündete: „Ich erkläre die Spiele von Vancouver für eröffnet, wir feiern die 21. Olympischen Winterspiele!"

Von den 61.000 Zuschauern, die sich am 12. Februar 2010 im BC Place Stadium in Vancouver versammelt hatten, wurden ihre Worte mit anhaltendem Beifall empfangen. Anschließend trat die kanadische Sängerin Kathryn Dawn Lang auf, und das Stadion füllte sich mit den Klängen von Leonard Cohens berühmtem Song „Hallelujah".

In diesen kalten Februartagen schaute die ganze Welt auf Vancouver, die Stadt im Olympia-Rausch, und die umliegenden Bergregionen, wo die Skiwettbewerbe stattfanden.

Nicht nur die Bilder der glitzernden Metropole und der grandiosen Landschaft gingen um die Welt, nicht nur die Szenen von sportlichen Höchstleistungen, Siegestaumel oder Tränen der Enttäuschung. Auch das Logo und Maskottchen der Olympischen Spiele war überall präsent, auf Fahnen, Bannern, T-Shirts und Kappen, als Schlüsselanhänger oder Aufstellfigürchen oder was der Merchandise-Industrie sonst so einfiel. Ein merkwürdiges Gebilde, das von seiner Form her an einen Menschen erinnerte. Das sei ein „Inukshuk", so erklärte man den Besuchern.

Das fremdartige Wort faszinierte mich sofort, als ich es, Jahre nach der Olympiade, zum ersten Mal hörte. Eine besondere Magie schien von ihm auszugehen. Denn der Inukshuk, eine geheimnisvolle Figur aus Steinen oder Felsblöcken, ist Teil einer uralten Kultur. Der Kultur jener Völker, die seit tausenden von Jahren die arktischen Regionen besiedeln. In Kanada sind es die Inuit, die im hohen Norden leben. Weil den Steinfiguren in der Tradition eine bedeutende Rolle zukommt, ist auf der Flagge von Nunavut, dem Territorium der Inuit, ein roter Inukshuk zu sehen.

Traditionell lebten die Inuit von der Jagd und vom Fischfang. Wie konnten sich die Menschen auf ihren ausgedehnten Jagdausflügen orientieren, womöglich mitten im Schneegestöber? Wie fanden die Jäger den Weg zurück ins Lager, zu ihren Familien? Hier in dieser eintönigen, von Geröll und Schnee bedeckten Landschaft, wo kein einziger Baum seine Wurzeln in den Boden streckte. Und wo es den sicheren Tod bedeutete, wenn man sich verirrte. In dieser unwirtlichen Umgebung nutzten die Inuit das, was der Boden ihnen zur Verfügung stellte: Steine und Felsen. Und die stapelten sie übereinander, um daraus Figuren und andere Steingebilde zu errichten, die Inuksuit – das ist die Pluralform von Inukshuk.

In Inuktitut, der Sprache der Inuit, bezeichnet das Wort „Inuk" einen Menschen. Und Inukshuk bedeutet so viel wie „in der Funktion eines Menschen handeln". Ein Inukshuk soll also etwas mitteilen. Steine, die Informationen vermitteln, und das ohne Schriftzeichen? Klingt seltsam, dachte ich. Aber dann überlegte ich mir, dass wir ja auch Gegenstände mit Stellvertreterfunktion kennen, wie zum Beispiel eine Verkehrsampel, die uns mit ihren Farben und Symbolen Anweisungen gibt.

Aus den Steingebilden entwickelte sich ein ausgefeiltes System der Kommunikation. Die jeweilige Bedeutung hing davon ab, wie die Inuit die Steine und Felsen anordneten. Die Jäger suchten eine seichte Stelle am Fluss, um zum anderen

Ufer zu wechseln? Bestimmt fand sich ein Inukshuk als Wegweiser. Wo man auf reiche Jagdbeute hoffen konnte, wo das Eis im Frühjahr gefährlich dünn wurde, wo es ein verstecktes Proviantlager gab – all das zeigten die Inuksuit an. Manche der Steinfiguren waren so gebaut, dass sie ein Fenster bildeten. Schaute man hindurch, sah man den nächsten Inukshuk in der Ferne. Auf diese Weise konnten die Jäger einer längeren Route sicher folgen.

Sind die Inuksuit also nichts anderes als nützliche Hinweisschilder der Marke Steinzeit? Finden wir es heraus.

Olympische Felsbrocken

„Ein Inukshuk – und die olympischen Ringe!"

Wir waren hinauf zum Cypress Provincial Park gefahren. Der Park liegt in einer Bergregion nordwestlich von Vancouver, und da er von der Innenstadt aus schnell zu erreichen ist, haben die Stadtbewohner ihr Wintersportgebiet praktisch vor der Haustür. Das Skigebiet mit dem Namen Cypress Mountain war 2010 der Austragungsort für die Wettbewerbe im Freestyle-Skiing und im Snowboarden. Deshalb also die sichtbare Erinnerung an diese Zeit.

Der Schnee war geschmolzen, die Liftanlagen standen still, und die Skihänge machten einen abgenutzten, strapazierten Eindruck. Die fünf großen Ringe aber, alle in hellgrün gehalten, wirkten wie frisch poliert. Links daneben hatte man auf einem steinernen Sockel eine Figur aufgestellt, die aus fünf grob behauenen Felsblöcken bestand: zwei längliche Blöcke stellten die Beine dar, ein quadratischer Block diente als Leib, ein quer liegendes, längliches Exemplar als Brust und Arme, und oben thronte ein dicker, rundlicher Klotz als Kopf. Die Steinfigur wirkte wie der kleine Bruder des Inukshuks, den wir am Tag zuvor im Uferpark an der English Bay in Vancouver gesehen hatten. Die monumentale Skulptur stammt von dem Inuit-Künstler Alvin Kanak, er hatte sie für die Expo 86 gestaltet.

Ich war nicht die einzige, die sich für den kleinen Bruder interessierte. Während ich ein paar Aufnahmen machte, kam eine junge Frau herbei, vielleicht eine Studentin, hielt ihr Handy hoch und fotografierte die Figur aus allen möglichen Blickwinkeln. Dann folgten ein paar Selfies mit Inukshuk, so als wäre der Steinmann ein guter Freund von ihr, und schließlich musste ihre Freundin noch ein paar Bilder von den beiden zusammen aufnehmen.

Die junge Frau war sehr schlank und hatte lockige schwarze Haare. Zu ihren pinkfarbenen Leggings trug sie ein graues Sweatshirt mit dem Aufdruck einer Collegemannschaft.

Ich beobachtete ihre eifrigen Aktivitäten neugierig. „Sie interessieren sich wohl sehr für den Inukshuk", bemerkte ich.

Die Freundin grinste. „Ich kann ja nicht verstehen, was Kristin an diesen Steindingern findet, aber glauben Sie mir, es gibt nichts, was sie darüber nicht weiß."

„Dann können Sie mir vielleicht etwas über die Bedeutung erzählen", sagte ich zu der jungen Frau mit Namen Kristin. „Ich weiß nur, dass die Inuit sie als eine Art Wegweiser und Informationsträger gebaut haben."

Kristin nickte. „Richtig, es steckt noch mehr dahinter. Die Steinfigur steht für das Überleben in der Arktis und gleichzeitig für Gastfreundschaft, Hilfsbereitschaft und Kooperation." Sie steckte ihr Handy in die hintere Hosentasche und fuhr fort: „Gastfreundschaft, weil der Inukshuk ein Hinweis darauf war, dass sich in der Nähe eine Ansiedlung oder ein Lager befanden. Hilfsbereitschaft, weil der Inukshuk anderen Menschen diente, die später in die Gegend kamen und Orientierung und Informationen brauchten. Und Kooperation, weil er das Ergebnis von Teamwork war. Denn die Felsblöcke sind so schwer, dass einer allein sie gar nicht transportieren und zusammensetzen konnte. Dieser hier“, sie wies auf den Steinmann vor uns, „ist streng genommen kein Inukshuk, sondern ein Inunnguaq. So nennen die Inuit die Figuren, die menschenähnliche Formen haben.“

„Das heißt“, sagte ich, „dass das Logo der Olympischen Spiele eigentlich einen Inunnguaq darstellt.“

„Ja, aber die meisten Leute sagen trotzdem Inukshuk dazu. Das Wort hat sich irgendwie eingebürgert.“ Kristin lachte. „Ist okay, ich seh‘ das nicht so eng.“

Ein Lächeln für Vancouver

Der Inukshuk für die Olympischen Spiele in Vancouver hat einen eigenen Namen bekommen: Ilanaaq, das Wort für „Freund“ in der Sprache der Inuit. Er besteht aus fünf Teilen und gleicht von der Form her der Figur, die wir im Skigebiet Cypress Mountain gesehen haben. Das Logo jedoch ist bunt, angelehnt an die Farben der olympischen Ringe, also gelb, rot, blau, grün, und schwarz wurde durch dunkelblau ersetzt. Und es gibt noch einen wesentlichen Unterschied: Ilanaaq lächelt! Sein eckiger grüner Kopf ist auf der rechten Seite mit einer Einkerbung versehen – ein kleines, aber entscheidendes Detail.

Zum Lächeln hat er allen Grund, denn diesem Inukshuk gelang es, die neunköpfige, international besetzte Jury auf Anhieb zu überzeugen, bei einer Auswahl von 1.600 Gestaltungsvorschlägen. Den Wettbewerb gewann Elena Rivera MacGregor mit ihrem Team von Rivera Design, einer in Vancouver beheimateten Agentur. Das Design ihrer Figur ist so einfach wie genial.

Der Inukshuk steht für urkanadische Werte: Freundlichkeit, Gemeinschaftsgefühl und Teamgeist. Diese Eigenschaften haben sich schon vor Jahrhunderten beim Überleben und Zusammenleben als hilfreich erwiesen, in einem Land, das es den Menschen mit seinem rauen Klima und seiner wilden Natur nicht leicht gemacht hat. Durch ihre arktische Herkunft ist die Steinfigur außerdem mit den Elementen Eis und Schnee verbunden und auf diese Weise wiederum mit den winterlichen olympischen Disziplinen.

Der Clou aber ist das Lächeln. „In dem Moment, als ich das Lächeln hinzugefügt habe, da hat es Klick gemacht", erzählte MacGregor in einem Interview. „Vorher bestand die Figur nur aus bunten Klötzen, doch mit dem Lächeln wurde sie lebendig. So als hätte ich ihr damit Leben eingehaucht."

Am 23. April 2005 wurde das Logo im Rahmen einer aufwendigen Show der Öffentlichkeit präsentiert. Für MacGregor fühlte es sich an, als hätten sie und ihre Firma bereits Jahre vor den Olympischen Spielen eine Goldmedaille gewonnen.

Und die Inuit, was hielten sie davon, dass der Inukshuk ein modernes Design erfuhr und in allen möglichen Varianten massenhaft produziert wurde?

Die Meinungen gingen auseinander. Paul Okalik, der damalige Premierminister von Nunavut, sagte, der Inukshuk habe bei ihnen eine lange Tradition, und dass man ihn nun der ganzen Welt zeige, bedeute ihm und seinem Volk sehr viel. Andere sagten, der olympische Inukshuk sei Fake, weil die Inuit nur äußerst selten Steingebilde mit menschlichen Formen errichtet hätten. Und wenn, dann könne dies bedeuten, dass jemand an dieser Stelle gestorben sei, entweder durch Mord oder Selbstmord.

Wenn Motive aus einer anderen Tradition in die populäre Kultur wandern, verlieren sie dabei immer einen Teil ihrer ursprünglichen Bedeutung. Der spirituelle Gehalt eines Inukshuks etwa und dessen Verbindung zu den Vorfahren, die die Figur errichtet haben, bleibt Außenstehenden fremd.

Ein altes Motiv in einem modernen Rahmen kann durchaus ein schönes neues Bild ergeben. Der Inukshuk für die Olympischen Spiele in Vancouver jedenfalls war vor allem ein Symbol für menschliche Wärme und Freundlichkeit. Eine nette Willkommensgeste für die vielen fremden Besucher und gleichzeitig eine Erinnerung für die Kanadier, welche Werte es tatsächlich sind, die Kanada zu einem Land machen, in dem Menschen gerne leben.

Elena Rivera MacGregor brachte es auf den Punkt: „Wenn Besucher euch fragen, was es mit dem Inukshuk auf sich hat, dann erzählt ihnen einfach, dass er für die kanadische Freundschaft steht, das Herz unseres Landes.“

Sauteed Garlic Prawns – gebratene Knoblauchgarnelen

Zutaten für 4 Personen:

12 frische Riesengarnelen
100 g Butter
1 Jalapeño
4 Knoblauchzehen
1 El Öl
4 El Petersilie
½ Bio-Zitrone
Salz und Pfeffer
100 ml Riesling
Salatblätter zum Garnieren

Zubereitung:

Garnelen schälen. Knoblauchzehen schälen und in feine Scheiben schneiden. Petersilie hacken, Schale von ½ Zitrone abreiben. Samen der Jalapeño entfernen, Schote in feine Scheiben schneiden.

Eine große Sautépfanne bei mittlerer Hitze heiß werden lassen, Öl hineingeben und den Knoblauch leicht anrösten. Butter hinzufügen, dann die Garnelen hineinlegen. 1 bis 2 Minuten auf jeder Seite braten, bis das Fleisch rosa wird. Petersilie, Jalapeño und Zitronenschale hinzufügen, dann mit 2 El Zitronensaft und dem Riesling ablöschen. Salz und Pfeffer dazu nach Geschmack. Auf Tellern anrichten und mit Salatblättern garnieren.

Jedes Jahr etwa von Mitte Mai bis Juli werden in British Columbia die wilden „BC spot prawns“, die rotbraunen, weiß gepunkteten Riesengarnelen, gefangen. Mit ihrem feinen süßen Geschmack sind sie unter Gourmets weltweit eine beliebte Delikatesse. In Vancouver feiert man die Saison mit dem jährlichen Spot Prawn Festival. Dann werden die Garnelen ganz frisch vom Boot gekocht oder gebraten – und vor allem in rauen Mengen gegessen.

Regenwald und stinkende Schönheiten – Wanderungen in den North Shore Mountains

Lange Farnwedel wuchern üppig über den Wegrand, an den Ästen der Bäume hängen dicht verwobene Fäden von Moos und Flechten wie die Bärte geheimnisvoller Märchengestalten. Mächtige Baumstümpfe, über und über mit Moos bedeckt, ragen aus dem Waldboden wie die Burgen eines Zwergenvolks. Die Luft ist kühl und feucht, auf Blättern und Nadeln glitzern die Tropfen des letzten Regenschauers. Es lässt sich erahnen, welche Regenmengen übers Jahr diesen Wald tränken, wie die von der Küste heraufziehenden Nebelschwaden für zusätzliches Nass sorgen.

„Ich habe einen Geheimtipp für euch!", hatte Sarah, die Wirtin unseres B&B in Vancouver, am gestrigen Abend zu uns gesagt. Ihre Großeltern stammen aus vier verschiedenen Ländern und Kulturen, und bei ihr hat sich vor allem das irische Erbe durchgesetzt, in Form von lockigen, kupferroten Haaren.

„Natürlich könnt ihr zur Capilano Suspension Bridge fahren", fuhr sie fort, „die Hängebrücke über die Schlucht ist eine große Touristenattraktion und sicher einen Besuch wert – wenn man denn bereit ist, über 50 Dollar pro Nase dafür hinzublättern." Sie setzte eine verschwörerische Miene auf und senkte ihre Stimme. „Aber im Lynn Canyon Park bekommt ihr etwas geboten, das mindestens genauso schön ist und dazu noch kostenfrei zu erleben: Hängebrücke, Regenwald, Wasserfälle, Wildnis-Trails – was will man mehr?“

Nein, mehr wollen wir nicht, und deswegen sind wir an diesem Morgen schon früh unterwegs. Während der Berufsverkehr in Richtung Stadtzentrum strebt, fahren wir zum Lynn Canyon Park. Der Parkplatz ist noch ganz leer, wir sind anscheinend die einzigen Besucher. Über den Lynn Creek spannt sich eine schmale Hängebrücke aus Holzplanken und einem Geländer aus Drahtgeflecht. Das Schaukeln der Brücke über dem Canyon, der so tief unter uns liegt, als würden wir von einem Hochhaus blicken, beschert uns einen wohligen Nervenkitzel, und lachend wie Kinder laufen wir ein paarmal hin und her, Fotostopp in der Mitte inklusive.

Auf der anderen Seite empfängt uns die schattige kühle Welt des Regenwaldes. Unwillkürlich werde ich ganz still, so als hätte ich eine Kathedrale betreten. Blätter rascheln, Zweige knacken, alte Bäume seufzen, Vögel unterhalten sich vielstimmig, und irgendwo hoch oben klopft ein Specht mit einem deutlich hörbaren Tock-Tock-Tock gegen die Rinde eines Baumes. Der Lynn Creek, ein kleiner wilder Fluss, plätschert über rundgewaschene Steine und um große Felsbrocken herum, die mitten in seinem Bett liegen. Bei den Twin Falls verwandelt er sich in einen zweiteiligen Wasserfall und springt munter zwei große Felsenstufen hinunter, um danach eilig weiterzufließen.

Das Juwel an der nördlichen Peripherie des Großraums Vancouver erscheint wild und ursprünglich, doch Anfang des 20. Jahrhunderts sah es hier noch ganz anders aus. Der Wald mit seinen uralten Bäumen war weitgehend abgeholzt worden, und das Land sollte bebaut werden. Zwei Brüder, die als Projektentwickler tätig waren, wollten die Gegend für Interessenten attraktiver machen und schenkten der Stadt North

Vancouver ein paar Hektar ihres Grundbesitzes für einen Stadtpark.

Als besonderer Glanzpunkt wurde dort 1912 die freischwingende Seilbrücke über den Canyon eröffnet, ein spannendes Highlight, das Besucher aus der ganzen Umgebung anzog. Für zehn Cent Eintritt durfte man die Wackelbrücke betreten, um aus 50 Metern Höhe in den Abgrund zu schauen und sich zu gruseln.

Der Geisterbär

Der kleine Stadtpark von damals hat sich zu einem ausgedehnten, ökologisch wertvollen Parkgelände gemausert, das heute 250 Hektar umfasst. Die Bäume, die wir hier sehen, sind „second growth" und nicht „old growth", das heißt, sie bilden einen Sekundärwald, da der ursprüngliche Wald dem Kahlschlag zum Opfer fiel. Was macht den Unterschied aus?

In einem von menschlichem Eingreifen weitgehend unberührten Urwald findet man Bäume aller Altersstufen, von den ganz alten Baumriesen bis hin zu den Jungspunden mit ihren dünnen Stämmchen. Hier gelangt viel Licht auf den Waldboden, so dass sich eine dichte und reichhaltige Bodenvegetation bilden kann, die wiederum Lebensräume für viele andere Arten bietet. Beim Sekundärwald, der sich auf abgeholztem oder abgebranntem Terrain ausbreitet, haben alle Bäume ein ähnliches Alter, ihre Kronen bilden zusammen ein Dach, das weniger Sonnenlicht hindurchlässt, zum Nachteil für die Bodenpflanzen. Eine geringere Artenvielfalt ist die Folge.

Im Lynn Canyon Park wachsen vorwiegend Riesenlebensbäume, Douglasien und Hemlocktannen. Sie sind nun 80 bis 100 Jahre alt, und die Baumgemeinschaft hat begonnen, sich wieder in einen Urwald zu verwandeln. Natürlich im Baumtempo, und das ist bekanntlich sehr gemächlich. Bis dieser Wald einen stabilen Urzustand erreicht, kann noch viel Zeit vergehen.

Wenn ich das Wort Regenwald höre, denke ich gleich an einen undurchdringlichen, tropischen Dschungel, den ich in meiner Phantasie noch mit bunten Papageien und kreischenden Affen ausstatte. Doch Regenwälder gibt es auch in den gemäßigten Breiten. An der Pazifikküste Nordamerikas hat sich das Band mit dieser Vegetationsform vom südlichen Alaska über British Columbia bis hinunter nach Nordkalifornien gezogen. Übriggeblieben von dem früheren Reichtum ist heute nur noch eine begrenzte Anzahl von Regenwaldinseln, die aber immerhin einen Schutzstatus genießen.

Die größte dieser Inseln ist der Great Bear Rainforest im nördlichen Teil der Pazifikküste von British Columbia. Er umfasst 6,4 Millionen Hektar, ein riesiges Gebiet, von der Fläche her ungefähr vergleichbar mit Irland. Im Februar 2016 kündigte die Provinzregierung an, 85 Prozent des Waldbestandes in Zukunft vor kommerziellem Holzeinschlag zu schützen – ein Erfolg hartnäckiger Protestkampagnen von Umweltaktivisten weltweit. In der deutschen Greenpeace-Zentrale in Hamburg erinnert noch heute ein sechs Meter hoher Totempfahl an den langen Kampf. Zwei Vertreter der Nuxalk First Nation hatten den Pfahl damals bei ihrem Besuch in Deutschland geschnitzt und als Mahnmal und Zeichen tiefer Verbundenheit übergeben.

Im Great Bear Rainforest mit seinen tausend Jahre alten Riesenlebensbäumen und turmhohen Sitka-Fichten ist eine seltene Tierart zu Hause: der Kermodebär, eine Unterart des Schwarzbären. Die Tiere haben in der Regel einen dunklen Pelz, doch etwa eines von zehn Bärenjungen kommt mit weißem Fell zur Welt. Diese Laune der Natur hat dem weißen Kermodebären einen festen Platz in der Mythologie der Ureinwohner gesichert. „Spirit bear", so nennen sie ihn. In den Legenden der Tsimshian-Indianer heißt es, der Schöpfer habe einige der Kermodebären mit einem weißen Fellkleid ausgestattet, um an die Zeit zu erinnern, als noch Gletscher das Land bedeckten.

In den Kampagnen der Umweltschützer wurde der weiße Kermodebär zum Gesicht des bedrohten Waldes. Wer die Bäume abholzt, so die Botschaft, nimmt diesen seltenen Bären ihren Lebensraum und hat das Aussterben ihrer Art zu verantworten.

Herr Vancouver und seine Freunde

Das vergleichsweise winzige Regenwäldchen, das wir an diesem Nachmittag besuchen wollen, liegt bei Point Atkinson in West Vancouver. Auch hier folgen wir einem von Sarahs Geheimtipps.

„Ich seh' schon", hatte sie gesagt, „ihr wollt lieber wandern, statt in der City shoppen zu gehen." Sie machte ein vorwurfsvolles Gesicht. „Könnt ihr nicht große Tüten mit Zeug aus den Geschäften tragen wie jeder andere normale Tourist? Wanderer sind schlechte Konsumenten und schaden der Wirtschaft!" Dann lachte sie und sagte, wir sollten den Marine Drive Richtung Westen fahren und nach dem Lighthouse Park Ausschau halten.

Wir versicherten ihr, wir würden nach dem Ausflug noch irgendwo einen Kaffee trinken und auf diese Weise zumindest im Café die Kasse zum Klingeln bringen.

Der kleine, aber feine Lighthouse Park besteht aus einer rund 75 Hektar großen Wald- und Felsenlandschaft. Wir wandern den Trail „Valley of the Giants" entlang, vorbei an mächtigen Douglasien und Riesenlebensbäumen. Dieser

Wald ist tatsächlich „old growth“, denn die Baumriesen sind 500 bis 600 Jahre alt. Das heißt, sie hatten bereits eine stolze Höhe erreicht, als Kapitän George Vancouver, der Entdecker und Seefahrer, im Jahr 1792 mit seinem Dreimaster *Discovery* in den Burrard Inlet segelte. Dieser Fjord reicht weit ins Land hinein, er trennt die flache Burrard-Halbinsel im Süden, wo auch die Stadt Vancouver liegt, von den Berghängen der North Shore Mountains.

In einem weiten Bogen gelangen wir zum Aussichtspunkt Lighthouse Viewpoint. Zwischen den Bäumen ragt der rotweiße Leuchtturm von Point Atkinson auf, dahinter sehen wir das Meer schimmern. Ob Kreuzfahrtschiff, Containerschiff, Öltanker oder Kohlefrachter, ihr Seeweg von und nach Vancouver führt immer an dieser Landspitze vorbei.

Kapitän Vancouver pflegte die Gewohnheit, alle geografischen Besonderheiten, die er unterwegs passierte, nach guten Freunden aus den Kreisen des britischen Adels und Militärs zu benennen. So trägt der Burrard Inlet den Namen von einem Sir Harry Burrard, und Point Atkinson wurde nach Thomas Atkinson benannt, „einem besonderen Freund“, wie Vancouver sich ausdrückte. Normalerweise wären diese Herren längst vom Dunkel des Vergessens verschluckt worden, doch der Kapitän verhalf ihnen zur Unsterblichkeit. Er selbst wurde knapp hundert Jahre später der Namenspate einer Stadt mit großer Zukunft, was auch seinen Bekanntheitsgrad enorm erhöhte.

Unser Rückweg führt in Windungen steil bergauf und bergab, im Dämmerlicht des Waldes, unter hohen Baumkronen und inmitten von regenfeuchtem, üppig wucherndem Grün – volles Urwald-Feeling. Zurück in der Zivilisation kehren wir in einem Café ein und bestellen uns Caffè Latte und Blaubeermuffins. Sarah soll zufrieden mit uns sein.

Lockende Düfte

„Wenn ihr es nicht so eilig habt, in die City zu kommen", sagt unsere Gastgeberin am nächsten Morgen beim Frühstück, „dann hätte ich ..."

„Noch einen Geheimtipp für uns?", frage ich sie mit einem Lächeln.

Sarah nickt eifrig. „Oh ja! Fahrt hinauf in den Cypress Provincial Park und nehmt den Yew Lake Trail." Dann schaut sie uns mit einem verschmitzten Grinsen an. „Da gibt's was Besonderes zu sehen: stinkende Schönheiten!"

Sie lacht und hält sich die Nase zu, und bevor wir noch weiterfragen können, verschwindet sie in der Küche und fängt an, mit Geschirr zu klappern.

Die erste Überraschung besteht darin, dass der Trail, den Sarah uns empfohlen hat, noch dick verschneit ist, dabei haben wir schon Ende Juni. Entlang des Wanderwegs plätschert ein Bach, er hat sich bereits vom winterlichen Eis befreit. In die Schneedecke aber haben die Sonnenstrahlen erste Löcher gegraben und dabei Pfützen und Sumpfwiesen freigelegt. Aus dem nassen Untergrund strecken sich große, leuchtend gelbe Blüten in die Höhe – Frühlingsboten mitten im Schnee!

Fasziniert beuge ich mich hinunter, um eine dieser Schönheiten genauer zu betrachten. Ich sehe einen fingerlangen Kolben mit unzähligen winzig kleinen Blüten, geschützt und beschattet durch ein schlankes Blütenblatt. Begleitet wird der Blütenstängel von grünen Laubblättern, die mich irgendwie an Kohl erinnern.

Und jetzt weiß ich's: Das ist „western skunk cabbage"! Auf Deutsch: Amerikanischer Stinktierkohl. Na, dieser Name ist aber wenig schmeichelhaft für eine so wunderschöne Pflanze. Was hat das Gewächs verbrochen, um damit gestraft zu werden? Der Skunk Cabbage, das lässt der Name schon erahnen, verbreitet einen üblen Geruch. Sicher nicht so unerträglich wie der berüchtigte Stinktiergeruch, aber unangenehm genug. Es heißt, der Skunk Cabbage würde nach Aas riechen. Das allerdings können wir hier nicht wahrnehmen, vermutlich liegt es an der kalten Luft.

Und warum hat sich der Skunk Cabbage ausgerechnet diesen zweifelhaften Duft ausgesucht? Er will damit Käfer und Fliegen anlocken, die für ihn den Job der Bestäubung erledigen. Die Tierchen fliegen von einem Kolben zum nächsten, futtern Blütenstaub und suchen gleichzeitig nach einem paarungsbereiten Partner. So kann der Pollen auf verschiedene Pflanzen gelangen.

Der westliche Skunk Cabbage gehört zur Familie der Aronstabgewächse. Essen sollte man ihn nicht, denn er hinterlässt ein brennendes Gefühl im Mund. Nur den Bären scheint das nichts auszumachen. Nach ihrem Winterschlaf fressen sie gerne die Wurzeln und bringen damit ihr Verdauungssystem wieder in Schwung. Die Ureinwohner stellten aus den Wurzeln Medizin her. Außerdem benutzten sie die ausgewachsenen Kohlblätter ähnlich wie Wachspapier, um Dinge darin einzuwickeln.

Im Osten des Kontinents hat die Pflanze noch einen nahen Verwandten, ebenfalls mit dem Namen Skunk Cabbage. Bei der östlichen Variante sind die Blütenblätter nicht gelb, sondern dunkelrot und weiß gesprenkelt. Den Wettbewerb in Sachen Schönheit gewinnt ganz klar der westliche Familienzweig. Dafür aber verfügt der unscheinbare Vetter über eine ganz unerhörte Fähigkeit: Er kann eigenständig Wärme erzeugen, und mit diesem Trick bahnt er sich im Frühling seinen Weg durch Eis und Schnee. Denn wer zuerst blüht, ist klar im Vorteil! Da wird der Hinterwäldler im Westen gelb vor Neid ...

Zwei Wochen später auf unserer Reise begegnen wir dem Stinktierkohl noch ein zweites Mal, und zwar 600 Kilometer weiter nordöstlich im Revelstoke National Park. Hier sind die Pflanzen schon deutlich weiter, ihre Blütenkolben verstecken sich hinter großen grünen Blättern, die etwa 50 bis 70 Zentimeter lang sind. Jetzt kann ich mir vorstellen, wie praktisch dieses pflanzliche Einwickelpapier für die Indianer gewesen sein mag.

Der Revelstoke-Nationalpark wartet übrigens mit einem weltweit einmaligen Phänomen auf: Hier hat sich nämlich mitten im Binnenland, fernab von jedem Ozean, ein Regenwald der gemäßigten Breiten entwickelt. So als hätten vor Jahrhunderten ein paar Urwaldriesen von der Pazifikküste beschlossen, auszuwandern und an einem besseren Ort ein neues Leben zu beginnen. Was brauchen sie, damit es ihnen hier gut geht? Feuchte Luftmassen, die den langen Weg vom Pazifik hierher finden, im Winter reichlich Schnee, der gerade dann zu schmelzen beginnt, wenn die Bäume in die neue Wachstumssaison starten, und später noch einmal eine Phase mit kräftigen Schauern.

Und so treffen wir ein paar alte Bekannte wieder, Riesenlebensbäume, Hemlocktannen und Co., die auch schon den ersten Europäern beim Entdecken und Erobern zugeschaut haben.

Aber kehren wir zurück zu den North Shore Mountains. Oder vielmehr: Verabschieden wir uns von ihnen, denn jetzt werden wir uns ins Großstadtgetümmel stürzen. Vancouver, wir kommen!

Clam Chowder – Muschelsuppe

Zutaten für 4 Personen:

1 kg frische Muscheln
1 Tl Butter
1 Zwiebel
2 mittelgroße Kartoffeln
1 El Mehl
500 ml Milch
250 ml Sahne mit etwa 20 % Fett
4 Streifen Bacon
Salz und Pfeffer

Zubereitung:

Muscheln unter fließendem Wasser gründlich waschen. In einen großen Topf mit wenig Wasser geben. Zugedeckt bei starker Hitze 5 bis 7 Minuten kochen lassen, bis die Muscheln sich geöffnet haben. Muscheln aus dem Topf schöpfen, Muschelfleisch aus den Schalen nehmen. Nicht geöffnete Muscheln wegwerfen.

Kartoffeln schälen und in kleine Stücke schneiden. Zwiebel in kleine Würfel schneiden. Milch erhitzen. Muschelbrühe sieben und heißes Wasser hinzufügen, bis 500 ml erreicht sind.

In einem zweiten Topf Butter schmelzen und Zwiebelwürfel darin glasig braten. Mehl verrühren, bis es sich mit der Butter vermischt hat. Nach und nach das Muschelwasser hinzufügen und alles zum Kochen bringen. Kartoffeln dazugeben und 10 Minuten auf kleiner Flamme kochen lassen. Muschelfleisch hinzufügen, langsam heiße Milch und Sahne unterrühren. Leicht salzen und mit Pfeffer würzen. In einer kleinen Pfanne die Speckstreifen braten.

Muschelsuppe mit den Speckstreifen garnieren.

Es grünt so grün – Vancouver, der Geburtsort von Greenpeace

Der schönste Weg nach Vancouver hinein führt über die Lions Gate Bridge, die Hängebrücke, die sich in einem eleganten Bogen über den Burrard Inlet spannt. Sie mag nicht so bekannt sein wie die Golden Gate Bridge in San Francisco, aber die Fahrt unter den aufragenden Pylonen, hoch oben über dem blauen Meer, ist kaum weniger beeindruckend als eine Überquerung des „Goldenen Tors".

Der weitere Weg stadteinwärts verläuft durch den Stanley Park, den größten Stadtpark Kanadas. So darf der ankommende Besucher noch eine Weile die grüne Landschaft genießen, bevor er in das Häusermeer von Vancouver eintaucht. Fährt man in Gegenrichtung über die Brücke, sieht man in der Ferne die schemenhaften Umrisse der North Shore Mountains. Von diesen Bergen bezieht das Bauwerk seinen Namen. „The Lions", so heißen zwei ihrer Gipfel. Auf der Südseite wie auf der Nordseite werden die Brückeneingänge deshalb von zwei steinernen Löwen bewacht. Mit strengem Blick schauen sie den anrollenden Autos entgegen, so als wollten sie deren Fahrer ermahnen, sich an die Verkehrsregeln zu halten.

„Vancouver muss eine autogerechte Stadt werden", so lautete die mehrheitliche Meinung Anfang der dreißiger Jahre des letzten Jahrhunderts. Vancouver sollte sich dem automobilen Zeitgeist anpassen. Der Fährverkehr über den Burrard Inlet aber war alles andere als autogerecht. „Viel zu langsam und umständlich!“, schimpften die ortsansässigen Geschäftsleute. Allerdings fehlte für den Bau einer Brücke das Geld, denn auch Kanada spürte die Folgen der Weltwirtschaftskrise.

In der Zwischenzeit hatte aber die irische Bierbrauer-Familie Guinness ein großes Areal in West Vancouver auf der anderen Seite der Bucht erworben, um es für Wirtschaft und Wohnen zu erschließen. Ganz oben auf dem Wunschzettel der Guinness-Leute stand nun eine schnellere Verbindung zwischen Nord und Süd. Weil man nicht darauf warten wollte, dass sich die öffentlichen Kassen wieder füllten, bot Guinness an, das Projekt zunächst aus eigener Tasche zu finanzieren. Langfristig bezahlen würden es dann die Autofahrer per Maut.

Im November 1938 schließlich fuhren die ersten Autos über die schöne, brandneue Brücke. Später verkaufte Guinness die Lions Gate Bridge an die Provinz British Columbia, und auch die Maut wurde abgeschafft.

Anfang der neunziger Jahre war die Existenz der Brücke auf einmal bedroht: Sie sei dem Verkehr nicht mehr gewachsen und außerdem reparaturbedürftig. Verkehrsplaner, die rein funktional dachten, hätten das Bauwerk am liebsten abgerissen und entweder durch eine größere Konstruktion oder durch einen Tunnel ersetzt.

Doch die Lions Gate Bridge hatte sich längst zum Wahrzeichen der Stadt entwickelt, und so ertönte aus Vancouvers Bürgerschaft ein vielstimmiger Aufschrei: „Wir wollen unsere Brücke behalten!“ Und außerdem, so sagten die Leute, sollten nicht noch mehr Autos mitten durch den Stanley Park rollen. Denn wäre die Brücke verbreitert worden, hätte man auch die Strecke durch den Park anpassen müssen.

Der Stanley Park umfasst über 400 Hektar, was der Größe von mehr als 560 Fußballfeldern gleichkommt. Er liegt auf einer Halbinsel in unmittelbarer Nähe der Innenstadt und ist für die Bewohner mindestens ebenso heilig wie die Lions Gate Bridge. Jeder, der in der Stadt aufgewachsen ist, erinnert sich an ausgedehnte Familienausflüge in den Park. An herrliche Sommertage am Third Beach, an Picknicks und Fahrradtouren am Ufer entlang, an die Enten im Beaver Lake und Grauhörnchen in den Bäumen. Zwar bietet der Park zahlreiche Freizeitmöglichkeiten, doch der größte Teil gehört der Natur.

In den neunziger Jahren hätte jede andere nordamerikanische Stadt den Erfordernissen des Verkehrs Vorrang eingeräumt. Vancouver aber setzte andere Prioritäten. Die Verantwortlichen beschlossen, nur die Fahrbahnen der Brücke zu erneuern, und für den Autoverkehr fand sich eine intelligente Lösung: Die Fußgänger- und Fahrradwege, die sich bisher in der Mitte befanden, verlegte man nach außen. Dadurch wurde eine dritte Fahrspur frei, und die sollte nun morgens stadteinwärts führen und abends stadtauswärts.

Grünes Denken kann in der Pazifikmetropole auf eine lange Tradition zurückblicken. Was an den Naturschätzen der Umgebung liegen mag und möglicherweise auch daran, dass Vancouver nach seiner Gründung im Jahr 1886 als Hafen- und Handelsstadt groß geworden ist; schmutzige Industrie spielte nur eine untergeordnete Rolle. So ist es vielleicht kein Zufall, dass die bekannteste Umweltorganisation der Welt gerade an diesem Ort gegründet wurde.

Unter der Regenbogenfahne

Am 4. September 1971 sticht im Hafen von Vancouver ein alter, rostiger Fischkutter in See, die *Phyllis Cormack*. Ihr Ziel sind die Aleuten, eine Inselgruppe, die zu Alaska gehört und sich vom Festland aus bogenförmig am Rand des Beringmeers nach Südwesten erstreckt. An Bord befindet sich ein bunt zusammengewürfelter Haufen von zwölf Idealisten, die einen kühnen Plan verfolgen: Sie wollen die Atombombentests von US-Präsident Nixon stoppen, und dazu brauchen sie Medienaufmerksamkeit. Aus diesem Grund haben sie ein Kamerateam des kanadischen Fernsehens an die Pier bestellt.

Auf der unbewohnten Aleuten-Insel Amchitka hatten die Amerikaner 1965 und 1969 Atombomben zu Testzwecken gezündet, und als Nächstes planen sie den Test einer Wasserstoffbombe mit enormer Sprengkraft. Als Reaktion auf diese Aktivitäten hat eine Gruppe von Männern und Frauen in Vancouver das „Don't Make A Wave Committee“ gegründet. Die Explosion, so ihre Befürchtung, könnte ein Erdbeben auslösen und damit auch einen Tsunami mit Monsterwellen, da doch die Aleuten auf dem Pazifischen Feuerring liegen, einem Ring aktiver Vulkane. Einige Mitglieder der Gruppe waren zudem strikt gegen Atomwaffen eingestellt, andere wollten vor allem die Meerestiere der Inselwelt schützen, die Wale, Seehunde, Seelöwen und Seeotter.

„Peace!“, so verabschiedete sich ein Mitglied der Gruppe nach einem Treffen, und ein zweiter erwiderte: „Let's make it a green peace!“ (Lasst uns einen grünen Frieden schaffen.) Genau darum ging es: Frieden und Naturschutz. Daraus wurde schon bald „Greenpeace“ – der Name erschien, wenn man ihn zusammenschrieb, eingängiger und sah besser aus.

Den Schriftzug „Greenpeace“ haben die Aktivisten auch an Deck der *Phyllis Cormack* angebracht, und auf dem Bug prangt eine aufgemalte Regenbogenfahne. Mit seinem schrottreifen Motor kämpft sich das Schiff nun Seemeile für Seemeile vorwärts in Richtung der kalten, stürmischen Beringsee. Kapitän John Cormack interessiert sich nicht für die politischen Ziele der Gruppe; er braucht das Geld, das er für die Charter bekommt, um sein Schiff reparieren zu können. Die anderen Männer an Bord, Friedensaktivisten, Wissenschaftler, Journalisten und ein Arzt, führen, wenn sie nicht gerade seekrank sind, philosophische Gespräche und endlose Grundsatzdiskussionen, bei denen nur selten Einigkeit aufkommt. Doch immerhin, sie sind auf dem Weg.

Die abenteuerliche Reise gerät zu einer Irrfahrt. Das Essen wird knapp, und die Crew muss sich mit der US-Küstenwache und dem Zoll auseinandersetzen, weil sie vor Alaska in die Hoheitsgewässer der USA gelangt ist. Und für den geplanten Atomtest steht nicht einmal ein offizieller Termin fest. Hat es unter diesen Umständen überhaupt Sinn, bis nach Amchitka weiterzufahren? Während der alte Kutter tagelang in Sandpoint, einer Stadt auf den Aleuten, vor Anker liegt, streitet die Gruppe über das weitere Vorgehen. Dann endlich trifft sie eine Entscheidung: Die *Phyllis Cormack* soll nach Vancouver zurückkehren. Ist die Mission damit gescheitert?

Nein, ganz im Gegenteil, und das liegt an dem großen Medienecho, das die Aktion hervorgerufen hat. Nicht zufällig, sondern geplant. Einer der Aktivisten an Bord ist Robert Hunter, ein Journalist der *Vancouver Sun*. Jeden Abend diktiert er seine Berichte über Funk der Redaktion in Vancouver. Ebenso halten die anderen Regenbogenkämpfer Verbindung zu ihren Mitstreitern zu Hause, und die wiederum geben alle Neuigkeiten an Rundfunk und Presse weiter. Die Medien lieben Geschichten im Stile von David gegen Goliath!

Zwar können die Leute vom „Don't Make A Wave Committee" den Atomtest, der schließlich am 6. November stattfindet, nicht verhindern, doch die Resonanz in den Medien mobilisiert die Öffentlichkeit. In allen größeren Städten in den USA und Kanada kommt es zu Protesten und Demonstrationen. Im Februar 1972 erklärt die US-Regierung die Testserie auf den Aleuten für beendet. Im selben Jahr ändert das Komitee seinen Namen und nennt sich von nun an Greenpeace. Und setzt den Kampf fort.

Aus dem kleinen Komitee von damals hat sich eine weltumspannende Umweltorganisation entwickelt, mit nationalen Büros in 40 Ländern. Die Zentrale agiert von Amsterdam aus. Für die großen Aktionen der Regenbogenkämpfer von heute gelten noch die gleichen Prinzipien wie für die kleine Truppe auf dem alten Fischkutter: gewaltfreier Widerstand und eine sorgfältig geplante Medienkampagne.

Auf dem Weg zur „greenest city"

Muss man sich da noch wundern, dass Vancouver Ambitionen hat, die grünste Stadt der Welt zu werden? Bei den entsprechenden Rankings ist Vancouver bisher auf Platz 2 oder 3 zu finden, es bleibt also noch viel zu tun. Deshalb hat die Stadt der Öffentlichkeit 2011 einen Aktionsplan mit zehn ambitionierten Zielen vorgestellt, die man innerhalb von zehn Jahren erreichen will. Im Fokus stehen dabei drei übergeordnete Themen: null CO2-Ausstoß, Müllvermeidung und eine für Mensch und Tier gesunde Umwelt. Darüber hinaus sollen durch diese Initiative auch viele grüne Jobs geschaffen werden.

Bürgermeister und Stadtrat wussten, dass sie Veränderungen nicht von oben verordnen konnten. Nein, man musste alle ins Boot holen, Geschäftsleute, Schulen, Institutionen und Organisationen, vor allem aber die Bürger, ob Alteingesessene oder Einwanderer. Es gibt viele Möglichkeiten, mitzumachen. So können im „CityStudio Vancouver", einer Ideenschmiede für nachhaltige Innovationen, städtische Angestellte, Studenten und Bürger zusammenkommen, um gemeinsam Projekte zu erarbeiten und umzusetzen. Immer mit dem Ziel, die Ökobilanz und das soziale Miteinander zu verbessern.

Was wurde bisher erreicht? Die Antwort flitzt an uns vorbei: Hier sind mehr Radfahrer unterwegs als in jeder anderen kanadischen Stadt, die wir kennen. Mit Neid sehen wir ihre breiten, deutlich abgetrennten Fahrspuren. Kein Lieferwagen, kein Baufahrzeug parkt die Radwege zu, kein Fußgänger hindert am schnellen Vorwärtskommen. Der Anteil der Radler unter den Verkehrsteilnehmern steigt von Jahr zu Jahr, während immer mehr Leute ihre Autos stehenlassen. Die Statistik sagt, dass in Vancouver 50 Prozent aller Wege entweder zu Fuß, mit dem Fahrrad oder mit öffentlichen Verkehrsmitteln zurückgelegt werden.

Damit sich diese Quote noch erhöht, hat die Stadt den Arbutus-Korridor gekauft, eine seit vielen Jahren ungenutzte Eisenbahntrasse, die sich auf einer Länge von neun Kilometern von Norden nach Süden durch die Stadt zieht, vom False Creek bis zum Fraser River. Der neu angelegte Arbutus Greenway, ein von Parkanlagen gesäumtes Asphaltband, gehört den Radfahrern und Fußgängern. Geplant ist außerdem eine Straßenbahnlinie entlang der Trasse.

Auf unseren Spaziergängen durch die Stadt sehen wir eine weitere Antwort: Im Garten vor einem nüchternen Mietshaus beugen sich Leute über ein Hochbeet und setzen liebevoll Salatpflänzchen in die Erde. Auf einem anderen Hochbeet sprießen verschiedene Kräuter. Lebhaft geht es auf einem Fleckchen Brachland ein paar Straßen weiter zu, da scheint sich die ganze Nachbarschaft zum „Urban Gardening“ eingefunden zu haben. Den Anteil regional angebauter Lebensmittel zu erhöhen, gehört ebenfalls zu den Zielen des Aktionsplans. Victory Gardens, so heißt das Programm. Und wenn der Stadtbewohner nicht weiß, wie man Obst und Gemüse zieht? Kein

Problem, dafür gibt es die Leute vom Beratungsservice, die Unterstützung bieten und sich gerne mal die Hände schmutzig machen.

In einer Kaffeebar unterhalten wir uns mit Louise, einer jungen Studentin, die den Sommer über hier arbeitet. Den Kaffee serviert sie uns nicht in Wegwerf-Pappbechern, sondern in dickwandigen Porzellantassen.

Louise hat auch noch eine grüne Story für uns. Sie erzählt, dass das Dach des Convention Centre, des Kongresszentrums an der Waterfront, vollständig begrünt sei, immerhin „six acres", also fast zweieinhalb Hektar. „Das ganze Flachdach ist eine einzige große Blumenwiese, wo die Bienen summen und von Blüte zu Blüte fliegen. Schade, dass man es von unten nicht sehen kann." Wir erfahren außerdem, dass es dort oben vier Bienenstöcke gibt. Der Honig, den die Bienen produzieren, wird in der Küche des Kongresszentrums verwendet.

Louise ist eine begeisterte Teilnehmerin der Initiative „VIVA Vancouver". Dabei werden Straßenabschnitte zeitweilig für Autos gesperrt, um den öffentlichen Raum zu beleben. Man kann dort bummeln, sich mit anderen treffen, Musik machen, tanzen und was den Menschen sonst noch einfällt.

In Vancouver gibt es unzählige grüne Geschichten zu erzählen. Denn grünes Denken liegt hier in der Luft.

Curried Salmon with Mango Blueberry Chutney – Currylachs mit Mango-Blaubeer-Chutney

Zutaten:

4 Lachsfilets
2 El Currypaste
Saft von 1 Limette
1 Mango
100 g Blaubeeren

1 rote Zwiebel
3 El frischer Koriander
¼ Tl Cayennepfeffer
Salz und Pfeffer

Zubereitung:

Für die Marinade 2 El Limettensaft mit der Currypaste in einer kleinen Auflaufform verrühren. Lachsfilets hineingeben und wenden, bis sie von beiden Seiten gleichmäßig mit der Marinade bedeckt sind. Auflaufform mit Frischhaltefolie abdecken und für 1 Stunde in den Kühlschrank stellen.

Mango schälen, entkernen und in kleine Würfel schneiden. Koriander hacken, Zwiebel in kleine Würfel schneiden. In einer kleinen Schüssel Mango, Blaubeeren, Zwiebel, Cayennepfeffer, Koriander, 1 Tl Limettensaft, Salz und Pfeffer vermischen. In den Kühlschrank stellen.

Backofen auf 220°C vorheizen, Folie von der Auflaufform entfernen. Lachs im Backofen 12 – 15 Minuten backen. Auf Tellern anrichten. Chutney löffelweise auf den Filets verteilen. Dazu passt Reis oder geröstetes Weißbrot.

In Vancouver leben Menschen aus nahezu allen Kulturen der Welt. Sie kombinieren den Pazifik-Lachs mit den Zutaten, die ihnen vertraut sind, und kreieren damit immer wieder neue Varianten der Zubereitung.

Donnervogel und Rabe – die Totempfähle im Stanley Park

Fremdartige Gesichter schauen zu uns herunter, mit aufgerissenen Augen und fast schon bedrohlich. Je länger ich sie betrachte, desto stärker ziehen sie mich in ihren Bann. Mythische Gestalten, kunstvoll aus Holz geschnitzt und farbenprächtig bemalt, setzen sich zu hoch aufragenden Totempfählen zusammen. Da breitet der Donnervogel seine schwarzweißen Schwingen aus, dieses Fabelwesen, das in nahezu allen indianischen Kulturtraditionen des Landes eine Rolle spielt. Ein Schwertwal zeigt seine Zähne, ein Wolf kriecht auf seine Beute zu, ein menschliches Antlitz blickt mich streng an. Dazu gesellen sich Adler, Frosch und Bär, und der Rabe, der an unterster Stelle hockt, scheint diesen ganzen Kosmos zu tragen.

Die Totempfähle befinden sich im Stanley Park in Vancouver. Sie weisen sehr anschaulich darauf hin, wer in früheren Zeiten auf dem Stadtgebiet des heutigen Vancouver ansässig war: die Ureinwohner mit ihrer Jahrtausende alten Kultur. Dagegen nimmt sich die Geschichte der Besiedlung durch die Europäer, die erst im Jahr 1862 begann, eher kurz aus.

Jedes der insgesamt neun Kunstwerke wurde von einem anderen Künstler gestaltet. Die Tradition, Totempfähle zu schnitzen, ist nur bei den First Nations der Nordwestküste Nordamerikas beheimatet, also bei den Indianerstämmen, die in den Küstenregionen des US-Bundesstaats Washington, der

Provinz British Columbia und des südlichen Alaskas leben. Außerhalb dieser Region kennt man diesen Brauch nicht.

Ein Totem ist eine Art Wappen. Es symbolisiert die mythische Verbindung eines einzelnen Indianers oder eines Clans mit einer Naturerscheinung, meist einem Tier oder einer Pflanze. Der Totempfahl bringt diese Symbole in einen komplexeren Zusammenhang. Die Geschichte, die er erzählt, kann sich auf eine tatsächliche Begebenheit beziehen oder auf einen Mythos. Worum es geht, weiß deshalb nur derjenige, der mit der Geschichte und Vorstellungswelt der jeweiligen kulturellen Gruppe vertraut ist.

Totempfähle werden jeweils aus einem einzigen Baumstamm gefertigt. Ein traditioneller indianischer Holzschnitzer wählt seinen Baum sorgfältig aus, meist einen Riesenlebensbaum, fällt ihn und befreit ihn von seiner Rinde. Er entscheidet sich, welche Seite er bearbeiten will, trennt die hintere Hälfte ab und höhlt den Stamm aus. Dann schnitzt er seine Motive in das Holz und bemalt sie. Das alles tut er jedoch nicht zum Zweck des eigenen künstlerischen Ausdrucks – eine solch individualistische Vorgehensweise wäre ihm fremd –, sondern für seinen Auftraggeber, und der kann ganz unterschiedliche Absichten mit dem hölzernen Bilderbogen verfolgen.

Im Inneren eines Hauses dient ein geschnitzter Pfosten dazu, das Dach zu stützen. Außen angebracht, etwa vor dem Haus eines bedeutenden Stammesführers, erzählt er die Geschichte der Familie oder des Clans. Manche Totempfähle, oft besonders hohe Exemplare, sollen Besucher des Dorfes willkommen heißen. Und dann gibt es Pfähle, die dazu benutzt werden, andere lächerlich zu machen oder sie zu beschämen, etwa, weil sie eine Schuld nicht zurückgezahlt haben.

Manche Totempfähle sollen an Verstorbene erinnern, die in der Gemeinschaft einen hohen Rang innehatten. Der Pfahl würde dann in der Mitte des Dorfes als Denkmal aufgestellt. Es kommt sogar vor, dass die geschnitzten Werke die Funktion eines Grabmals übernehmen und die sterblichen Überreste des Toten enthalten. Auch im Stanley Park befindet sich ein solcher „Mortuary Pole", er soll an einen Häuptling vom Volk der Haida erinnern. Sterbliche Überreste in welcher Form auch immer enthält dieser Pfahl allerdings nicht mehr, da es sich um die Nachbildung einer älteren Version handelt.

In einer Kultur, die keine Schrift kannte, vermittelten die Totempfähle wichtige Informationen. Religiösen Zwecken dienten sie nicht. Dennoch witterten die weißen Missionare gleich eine Konkurrenz zu der Religion, die sie zu verbreiten gedachten, und unterstellten heidnische Rituale.

Das Fest der Geschenke

Wenn Stammesmitglieder einen Totempfahl aufstellten, den sie zuvor in Auftrag gegeben hatten, dann geschah dies im Rahmen einer besonderen Zeremonie. Und dazu gehörte in den meisten Fällen eine weitere für Europäer befremdliche Gepflogenheit: der Potlatch. Stießen schon die Totempfähle bei den Weißen auf Unverständnis, so machte der Potlatch sie regelrecht fassungslos. Da verteilte doch der Gastgeber des Festes so viele und so wertvolle Geschenke an seine Gäste, dass er danach als armer Mann zurückblieb! Ja, die Häuptlinge lieferten sich sogar einen Wettbewerb darum, wer von ihnen die meisten Dinge verschenkte. Warum taten sie so etwas Verrücktes?

Ein Potlatch wurde nur zu ganz besonderen Gelegenheiten ausgerichtet, etwa anlässlich der Geburt des ersten Sohnes, nach dem Tod eines Häuptlings oder zur Einweihung eines neuen Totempfahls. Das Fest der Geschenke verlief nach genau festgelegten Regeln und Ritualen. Gastgeber war in der Regel ein hochrangiges Mitglied des Stammes. Sein Ansehen innerhalb der Gemeinschaft hing von seiner Abstammungslinie, seiner Position und seinen Fähigkeiten ab, nicht aber von seinem Besitz. Wenn er nun einen Teil seiner Habe verschenkte, erhöhte er damit sein Ansehen. Besitz anzuhäufen und nichts davon abzugeben, hätte ihm dagegen den Ruf eines Geizkragens eingetragen. So sorgte der Potlatch für einen sozialen Ausgleich innerhalb der Gemeinschaft.

Dass diese Feste überhaupt ausufern konnten, wie es von Außenstehenden gelegentlich beobachtet wurde, lag an den materiellen Gütern, die durch die Europäer ins Land kamen. Die Indianer brachten die von den Weißen begehrte Handelsware, die Felle der Pelztiere, zu den Handelsstationen und tauschten im Gegenzug die Dinge dafür ein, die für sie selbst von Wert waren: einfache Gewehre, Messer, Äxte und anderes Werkzeug, Kochutensilien wie Kessel, Töpfe und Pfannen, Wolldecken und europäische Kleidungsstücke, außerdem schmückendes Beiwerk wie Glasperlen oder bunte Bänder. Mit dem neuen Werkzeug ließen sich übrigens auch Totempfähle schneller und besser bearbeiten als bisher.

Durch diese Tauschgeschäfte war es einem geschickten Pelztierjäger und Fallensteller möglich, zu einem gewissen Wohlstand zu gelangen, zumindest aus der Sicht seiner Stammesgenossen. Beim Potlatch hatte er dann die Gelegenheit, sein Lager zu räumen, nach dem Motto: Alles muss raus.

„Was für eine Verschwendung!“, stöhnten die Missionare. Der Brauch passte einfach nicht in ihr Weltbild, obwohl es doch in der Bibel hieß, dass Geben seliger denn Nehmen sei. Einer von ihnen schrieb sogar, der Potlatch sei das größte Hindernis auf dem Weg der Indianer, Christen zu werden oder überhaupt ein zivilisiertes Verhalten anzunehmen. Die Kirchenmänner drängten so lange, bis die Regierung das Fest 1884 per Gesetz verbot. Manche Stammesführer hielten ihren Potlatch daraufhin an den Weihnachtstagen ab, so fiel das Verteilen und Austauschen von Geschenken nicht weiter auf.

Während der Kolonialzeit verfolgte die kanadische Regierung eine Politik der Assimilierung und Akkulturation, was nichts anderes hieß, als die Kultur der First Nations auszulöschen. Feste, Bräuche oder Rituale, alles wurde per Gesetz verboten. Darunter fiel nicht nur der Potlatch, sondern auch das Schnitzen von Totempfählen. Bestehende Pfähle wurden von den Weißen entweder zerstört oder aber aus ihrem kulturellen Kontext gerissen und in Völkerkundemuseen gebracht, wo man sie einem staunenden Publikum als primitives Kunsthandwerk von Eingeborenen präsentierte.

Erst 1951, nach einer Gesetzesänderung, begannen die First Nations, sich auf ihre Traditionen zu besinnen – ein schwieriger Prozess nach all den Jahren. Gleichzeitig entwickelten viele europäisch geprägte Kanadier ein großes Interesse an der Kunst der Ureinwohner, diesmal einhergehend mit Wertschätzung und Respekt. So erhielten indianische Künstler den Auftrag, Totempfähle für Museen, Parks und Ausstellungen anzufertigen. Der Totempfahl ist zu einem Symbol geworden: für das Überleben der alten Kultur und ein neues Selbstbewusstsein der Indianer.

Der Geist der Verwandlung

Auf den Totempfählen wird häufig ein Rabe dargestellt, eine wichtige Figur in der Mythologie der Nordwestküsten-Indianer. Bei den Haida ist der Rabe das mächtigste aller mythischen Wesen, ein Gestaltwandler und Trickser, der mit List und Schlauheit die Welt verändert. Meistens verfolgt er dabei durchaus eigennützige Absichten. Eine Geschichte, die jedes Indianerkind der Region kennt, handelt davon, wie der Rabe die Sonne stiehlt.

Zu Beginn der Zeiten lebte einst ein alter Mann mit seiner Tochter am Ufer des Flusses. Er wusste nicht, wie die junge Frau aussah, ob sie wohl so hübsch war wie die frischen jungen Blätter der Birken im Frühling oder womöglich hässlich wie eine Meeresschnecke. Denn die Welt lag in einer tiefen, ganz und gar schwarzen Finsternis. Dass kein Lichtstrahl die Dunkelheit erhellen konnte, lag an dem alten Mann, denn der hielt das Licht bei sich versteckt.

Der Rabe aber war es langsam leid, immer im Dunkeln herumzufliegen und ständig gegen irgendwelche Dinge zu stoßen. Eines Tages kam er zufällig an dem Haus des Alten vorbei, und da hörte er eine Stimme vor sich hin sprechen: „Ich habe einen Kasten, und darin sind viele, viele andere Kasten und Kästchen, und im kleinsten davon steckt das ganze Licht des Universums. Es gehört mir allein, und ich werde nicht das kleinste Fünkchen davon abgeben, nicht einmal meiner Tochter. Denn wer weiß, vielleicht ist sie so hässlich wie eine Meeresschnecke, und keiner von uns beiden will das wissen."

Der Rabe beschloss sofort, das Licht zu stehlen. Es gab jedoch keinen einzigen Zugang zum Haus, und dem Raben war es ein Rätsel, wie der alte Mann und seine Tochter hinaus- und hineingelangen konnten. Schließlich hatte er eine Idee. Er wartete, bis die junge Frau zum Fluss ging, um Wasser zu holen. Dann verwandelte er sich in eine kleine grüne Tannennadel und ließ sich ins Wasser fallen. Als das Mädchen seine Holzschale in den Fluss tauchte, schöpfte es auch die Tannennadel mit heraus. Und da sie sehr durstig war, nahm sie einen großen Schluck aus dem Gefäß – und schon hatte sie dabei die Tannennadel verschluckt.

Der Rabe rutschte hinein in ihr warmes Inneres, suchte sich eine bequeme Stelle und verwandelte sich in ein winziges menschliches Wesen. Das Menschlein wuchs, bis es einige Monate später als kleiner Junge geboren wurde. Der Knabe hatte eine lange, schnabelartige Nase und glänzende Vogelaugen, denen nichts entging, aber das konnte ja niemand sehen. Der alte Mann entwickelte eine große Zuneigung zu seinem Enkel, hielt ihn in seinen Armen und spielte jeden Tag mit ihm.

Kaum, dass er laufen konnte, begann der Kleine das Haus zu erforschen. Er steckte seine Händchen in alle Winkel, und als er ein wenig größer war und an die Kommode in der Stube heranreichte, erfühlte er dort einen großen Holzkasten. „Großvater, was ist das für ein Kasten? Oh, bitte mach ihn auf, ich will wissen, was darin ist."

„Nein", erwiderte der alte Mann ungewöhnlich barsch, „das kommt gar nicht in Frage. Lass deine Finger von diesem Kasten!"

Doch das Rabenkind bettelte und weinte so lange, bis der Alte sich erweichen ließ und endlich den Deckel abnahm. Und so ging es immer weiter, Kasten für Kasten. Schließlich kam das allerkleinste Kästchen zum Vorschein, und als der Großvater den winzigen Deckel abhob, weil der Junge gar so sehr darum bettelte, verbreitete sich ein heller, warmer Schein im ganzen Haus.

„Oh, Großvater, wie schön das ist!", rief der Kleine. „Bitte lass mich das Licht auch einmal halten, nur einen ganz kurzen Moment!"

Es wird wohl nicht schaden, dachte der alte Mann, und warf das Licht, das die Form eines wunderschönen, strahlenden Balls hatte, dem Jungen zu. In diesem Moment aber verwandelte sich das Kind in einen großen schwarzen Raben. Der schnappte sich den Ball mit seinem großen Schnabel und flog zum Schornstein des Hauses hinaus. Und von diesem Augenblick an begann die Welt sich zu verwandeln. Berge und Täler zeigten ihre Farben, Meere und Flüsse glitzerten im Licht, und überall regte sich Leben.

Mit weit ausgebreiteten Schwingen flog der Rabe durch die Welt, mal hierhin, mal dorthin, und freute sich, dass er etwas sehen konnte und nirgendwo mehr mit seinen Flügeln anstieß. In seiner Freude merkte er jedoch nicht, dass der Adler ihn schon eine ganze Weile verfolgte, bis dieser bereits mit ausgestreckten Klauen über ihm kreiste. Erschrocken versuchte der Rabe, zur Seite auszuweichen, doch in seiner Hast ließ er dabei das Licht fallen. Der Lichtball zerbrach beim Aufprall auf den felsigen Boden in ein großes und ein kleineres Stück und dazu in eine unendliche Zahl kleinster Teilchen. Die Scherben sprangen in den Himmel zurück und blieben für immer dort: als goldene Sonne, silberner Mond und funkelnde Sterne.

Der alte Mann in seinem Haus weinte bitterlich über den Verlust des Lichts und den Verrat seines Enkelsohnes. Doch in den Sonnenstrahlen, die durch den Schornstein ins Haus fielen, erblickte er zum ersten Mal seine Tochter, und als er sah, dass sie schön war wie die frischen jungen Blätter der Birken im Frühling, fühlte er sich ein wenig getröstet.

Und ich stehe immer noch im Stanley Park und kann mich nicht von den Totempfählen trennen. Da ist der Rabe, der Geist der Verwandlung! Ich erkenne ihn an seinem langen, geraden Schnabel.

Diese Totempfähle sind nicht die letzten, die wir auf unserer Reise an der Westküste sehen werden. Die Kanadier zeigen sie heute mit Stolz: Schaut her, das ist ein bedeutender Teil unserer Kunst und Geschichte!

Ein Wandel hat stattgefunden, ganz nach Rabenart ...

Teriyaki Salmon – Lachs in Teriyaki-Soße

Zutaten für 4–6 Personen:

55 g Butter
75 ml Ahornsirup
75 ml Sojasoße
6 Knoblauchzehen
2 El frischer Ingwer
675 g Lachsfilet

Zubereitung:

Lachs in dicke Scheiben schneiden. Knoblauchzehen schälen und in feine Würfel schneiden. Ingwer schälen und reiben. Eine große Pfanne heiß werden lassen. Butter, Ahornsirup, Sojasoße, Knoblauch und Ingwer hineingeben und bei mittlerer Hitze verrühren, bis die Soße dick wird. Lachs in die Soße legen und garen, bis er sich mit einer Gabel leicht zerteilen lässt, etwa 8 Minuten. Währenddessen ab und zu wenden.

In diesem Rezept verbindet sich die kanadische mit der japanischen Kochtradition.

Ein Meer von blauen Blüten – die Gründung der Stadt Victoria

Als Sir James Douglas über die weite Wiesenlandschaft schaute, da wusste er, dass er nicht mehr weitersuchen musste. Dieser Ort war perfekt für eine Handelsstation!

Douglas hatte eine hohe Position bei der Hudson's Bay Company inne, der britischen Handelsgesellschaft, die bis zur Gründung des Dominion of Canada 1867 große Teile des Landes kontrollierte. Und nun, im Jahr 1842, kam er im Auftrag der Gesellschaft nach Vancouver Island, um eine Niederlassung aufzubauen.

Üppig grün wuchsen Gras und Klee in die Höhe, durchsetzt von prächtig blühenden Wildblumen. Es war ein Farbenrausch von blauen und weißen Lilien, von Lupinen, Butterblumen und Veilchen und der fremdartigen Schönheit des sonnengelben Golden Paintbrush. Über diesem Blütenmeer flatterten tausende von bunten Schmetterlingen.

„Der Ort erscheint mir wie ein Garten Eden inmitten der trostlosen Wildnis des Nordens", erzählte der sonst so nüchterne Douglas einem Freund, mit vor Begeisterung leuchtenden Augen. „Man könnte glauben, er sei geradewegs vom Himmel gefallen."

Dass dieses Paradies womöglich nicht ganz allein von Mutter Natur geschaffen worden war, kam ihm nicht in den Sinn. Wenn niemand die Erde gepflügt und Samen ausgestreut hatte, wenn niemand es mit Zäunen als sein eigen erklärte, dann konnte es sich nur um die reine Natur handeln. Und stand damit zur freien Verfügung, glaubten die Europäer.

Tatsächlich aber war die offene Wiesenlandschaft das Ergebnis harter Arbeit. Die Songhees First Nation, die zur Volksgruppe der Küsten-Salish gehören, kultivierten das Land schon seit Jahrhunderten und sorgten dafür, dass es nicht von Büschen und Strauchwerk überwuchert wurde. Was aber war der Grund für diese Bemühungen?

In den Wiesen wuchsen verschiedene essbare Pflanzen, wobei die blau blühende Prärielilie, Camas genannt, die wichtigste Rolle spielte. Deren Zwiebeln gehörten zu den Grundnahrungsmitteln der Songhees. Sie ernteten die Zwiebeln in großen Mengen, einmal für ihre eigenen Vorratskammern und zum anderen für den Tauschhandel.

Die Erntezeit bedeutete für sie einen jahreszeitlichen Höhepunkt. Jedes Jahr im Mai und Juni paddelten die Familien in ihren Kanus an die Südküste und schlugen dort ihre Zelte auf. Freunde und Verwandte freuten sich, einander nach dem langen Winter wiederzusehen, besprachen wichtige Angelegenheiten und tauschten Neuigkeiten aus. Abends am Lagerfeuer lauschte man den Geschichten aus dem reichhaltigen Fundus der alten Legenden, die so mancher begabte Erzähler um neue, schmückende Details ergänzte.

Jeder Songhees-Familie gehörte ein eigenes Stück Land. Damit die Erträge reichlich ausfielen, musste man für die Prärielilien gute Wachstumsbedingungen schaffen, indem man die Erde locker hielt, Steine entfernte und unerwünschtes Grün herausriss oder abbrannte. Bei der Ernte halfen alle mit. Die Indianer hoben die jeweils oberste Schicht Erde vorsichtig an, holten die größeren Zwiebelknollen heraus und legten die Erdscholle dann wieder zurück. Die Camas-Knollen haben in etwa die Größe von kleinen Zwiebeln. Damit man sie essen konnte, musste man sie stundenlang kochen, bis sie eine bräunliche Farbe annahmen, weich waren und süß schmeckten.

Für James Douglas aber sahen diese Felder wie eine liebliche Parklandschaft aus. Es war ausgesprochenes Pech für die Songhees, dass sie mit der offenen Camas-Prärie genau die Landschaftsform geschaffen hatten, die dem Bild der Engländer von einer idealen ländlichen Gegend entsprach. Wo sich bisher Gräser und blühende Blumen im Wind gewiegt hatten, sollte in den nachfolgenden Jahren die Stadt Victoria entstehen, die spätere Hauptstadt von British Columbia.

Die ideale Gesellschaft

Hochzufrieden mit seiner Erkundungstour verließ Sir James Douglas die Insel wieder. Im März 1843 kehrte er zurück. Mit ihm an Bord des Dampfschiffs Beaver befanden sich 15 Männer, die unter seiner Leitung den geplanten Handelsposten errichten sollten, dazu ein Fort zum Schutz der Niederlassung. Deshalb hatte die Beaver Baumaterial geladen, reichlich Vorräte für die erste Zeit und Geräte, um das Land zu bewirtschaften. Auch Nutzvieh würde in Kürze eintreffen.

Fort Victoria, benannt nach der britischen Königin, wurde eine beeindruckende Festung mit Türmen, Palisadenzäunen und zwei Bollwerken, die mit je sechs Kanonen bestückt waren. Die Indianer selbst halfen mit, die Drohkulisse, die ihnen Respekt einflößen sollte, zu bauen, indem sie die Schanzpfähle für den Zaun einsetzten. Für je 40 Pfähle erhielten sie eine der robusten „Point Blankets“, eine Wolldecke von der Art, wie sie die Hudson's Bay Company noch heute in ihrem Sortiment führt.

Im Jahr 1846 wurde im Westen, wie bereits schon in anderen Landesteilen, der 49. Breitengrad als Grenze zwischen Kanada und den USA festgelegt. Vancouver Island streckte zwar seine Nase ein ganzes Stück weiter nach Süden, aber den Briten gelang es dennoch, sich die ganze Insel einzuverleiben. Es wäre einfach zu unpraktisch gewesen, sie mit einer Staatsgrenze zu teilen. Die Besitzrechte an dem Eiland übertrug die britische Krone der Hudson's Bay Company, mit der Auflage, die Besiedlung zu fördern. Und der richtige Mann für diese Aufgabe war Sir James Douglas.

Aus dem fernen London bekam Douglas Anweisungen, die Besiedlung nach dem sogenannten Wakefield-System zu organisieren, was nichts anderes bedeutete, als eine Klassengesellschaft nach englischem Muster zu etablieren: am oberen Ende der Hierarchie die reichen Grundbesitzer, denen das Land gehörte, am unteren Ende die Leute, die für sie arbeiteten. Die Arbeiter durften kein Land erwerben, sonst hätten die Gentlemen aus Mangel an Arbeitskräften womöglich selbst zu Hacke und Schaufel greifen müssen.

Aus britischer Sicht war das die ideale Gesellschaft, eine andere musste man nicht anstreben. Nicht etwa wie die US-Regierung, die die Grundstücke im Westen kostenfrei an das gemeine Volk verteilte. Was sich die Amerikaner da für ein Gesindel ins Land holten! Deshalb hatte Douglas den Auftrag, die Parzellen für teures Geld zu verkaufen, und zwar ausschließlich an britische Staatsbürger.

Im Jahr 1849 ernannte das Kolonialministerium in London den englischen Juristen Richard Blanshard zum Gouverneur der Kronkolonie Vancouver Island. Als Blanshard eintraf, stellte er sehr bald fest, dass sämtliche Macht bei der Hudson's Bay Company lag, mit James Douglas praktisch als Alleinherrscher, und dass nahezu alle Siedler Angestellte der Gesellschaft waren. Frustriert warf Blanshard kaum zwei Jahre später seinen Job hin, und Douglas bekam das Amt. Anscheinend hatte man in London eingesehen, dass dies die vernünftigste Lösung war.

Das Ende der Tradition

Als mehr und mehr siedlungswillige Briten auf die Insel kamen, trat Douglas mit den hier ansässigen Indianerstämmen in Verhandlung, um zusätzliches Land von ihnen zu erwerben. Bei einem Treffen mit den Häuptlingen versprach er ihnen Geld, Kleidung und Wolldecken. Im Gegenzug würden sie insgesamt 930 Quadratkilometer Land an die Gesellschaft abtreten.

Noch heute sind die sogenannten „Douglas Treaties", 14 an der Zahl, Gegenstand heißer Debatten, und das liegt an einem gravierenden Formfehler. Die Chiefs hatten in Unkenntnis – oder auch unter Druck – leere Vertragsformulare unterzeichnet, jeweils mit einem X als Unterschrift. Die einzelnen Bestimmungen waren von Douglas erst nachträglich hinzugefügt worden.

Mit dem Zustrom der Siedler begannen die Camas-Wiesen zu schwinden. Die Einwanderer pflügten einen Teil des Bodens um und verwandelten ihn in Getreideäcker und Gemüsefelder. Auf einem weiteren Teil ließen sie Kühe, Pferde und Schafe grasen, die damit zwar einerseits den Bewuchs kurzhielten, andererseits aber auch den Prärielilien Schaden zufügten. Und die ebenfalls importierten Schweine wühlten die Zwiebeln aus der Erde, befanden sie für essbar und fraßen den Songhees damit ihre Ernte weg.

Das Wakefield-System sah vor, dass ein Teil des Grund und Bodens für öffentliche Zwecke reserviert werden musste, etwa für Kirchen, Friedhöfe und Schulen und unter anderem auch für Parks. Deshalb zweigte Douglas einen landschaftlich besonders schönen Hügel direkt an der Südküste ab, von hier hatte man einen herrlichen Blick auf die Strait of Juan de Fuca bis hinüber zu den Olympic Mountains im US-Bundesstaat Washington. Weil auf dem Gipfel „beacons", Leuchtfeuer, installiert waren, die die Schiffe vor einem gefährlichen Unterwasserriff warnen sollten, nannte man den Hügel Beacon Hill.

Dass dieser Hügel das Herzstück der Songhees-Kultur darstellte, wusste Douglas nicht. Und selbst wenn, es hätte ihn nicht interessiert, da er in den Indianern, ebenso wie die meisten seiner Landsleute, nur unzivilisierte Wilde sah. Seit Jahrhunderten hatten die Songhees den Hügel als Treffpunkt und Begräbnisstätte genutzt. Nirgendwo blühten die Prärielilien üppiger, nirgendwo fiel die Ernte so reichlich aus. Zwar blieben die Camas-Wiesen auf dem Beacon Hill von Pflug und grasendem Vieh verschont, doch das Vordringen europäischer Pflanzen und die mangelnde Pflege ließen die Prärielilien über die Jahre und Jahrzehnte verkümmern.

Für die Indianer bedeutete die britische Siedlungspolitik das Ende der Lebensweise, die sie seit Generationen gekannt hatten.

Die feine englische Art

Die britische Prägung der Stadt ist auch heute noch unverkennbar. Den Spott, Victoria sei englischer als England selbst, nimmt man gelassen hin – und nutzt ihn für das Marketing. Während an der Inselküste im Westen der wilde Pazifik anbrandet, die Baumriesen ursprünglicher Regenwälder gen Himmel wachsen und die Touristen in Tofino zu Walbeobachtungstouren aufbrechen, trifft man sich im altehrwürdigen Empress Hotel in der Government Street zum Afternoon Tea.

Dann sind die Tische zwischen den Säulen der weitläufigen Hotellobby mit weißem Leinen gedeckt. Der Tee wird aus einer bauchigen Teekanne aus feinstem Porzellan eingeschenkt, dezent geblümt und passend zu den Teetassen. Dazu werden, arrangiert auf einer Etagere, appetitliche Sandwiches, Scones und Küchlein gereicht sowie kleine Schälchen mit Clotted Cream und Marmelade.

Mag die Welt da draußen untergehen, der Engländer genießt gelassen seinen nachmittäglichen Tee. Im Empress Hotel sind es Hotelgäste aus aller Welt, die an der britischen Tradition teilnehmen und gewillt sind, dafür 80 Kanada-Dollar pro Person hinzulegen. Mit einem Gläschen Champagner wird das Teevergnügen noch einmal um einige Scheine teurer.

Nach dem Tee bietet sich ein Spaziergang im Beacon Hill Park an, einem Landschaftsgarten mit Brücken und Teichen, Rosengarten, Alleen und gepflegten Rasenflächen. So englisch er auf den ersten Blick wirkt, so haben doch inzwischen rein kanadische Elemente Einzug gehalten. Unübersehbar ist der turmhohe Totempfahl, den Mungo Martin, einer der bedeutendsten Künstler der First Nations, gestaltet hat. Von weitem sieht der 39 Meter hohe Pfahl aus wie eine lange dünne Kerze in einem Kerzenständer. Der Titel des Kunstwerks lautet „Spirit of Lekwammen“. Lekwammen oder Lekwungen, so nennen sich die Songhees selbst.

In der südöstlichen Ecke des Parks befindet sich eine Wegmarkierung mit der Aufschrift „Mile 0“, Meile null. Hier beginnt der Trans-Canada Highway – oder endet Kanadas Nationalstraße Nr. 1 hier? Auf der anderen Seite des Kontinents, in St. John's auf Neufundland, spricht man nämlich auch von „Mile 0“. Keine der beiden Städte wollte am Ende des fast 8.000 Kilometer langen Highways liegen, deshalb dürfen sie beide den Anfang für sich beanspruchen. Eine weise Entscheidung!

Meile null hat in St. John's noch eine besondere Bedeutung. Ein Denkmal weist darauf hin, dass der behinderte Sportler Terry Fox am 12. April 1980 seinen „Marathon of Hope“ hier startete. Der damals knapp 22-Jährige hatte eine Krebserkrankung überstanden, die dazu führte, dass sein rechtes Bein oberhalb des Knies amputiert werden musste. Danach war Fox fest entschlossen, Geld für die Krebsforschung zu sammeln und in der Öffentlichkeit mehr Bewusstsein für die Krankheit zu schaffen.

Mit Hilfe einer Beinprothese begab er sich auf seinen Marathon der Hoffnung, der ihn auf dem Trans-Canada Highway von Ost nach West, von St. John's bis nach Victoria führen sollte. Doch nach 143 Tagen und mehr als 5.300 Kilometern holte ihn die Krankheit wieder ein. Er musste seinen Lauf abbrechen und starb im Jahr darauf. Seine Ziele aber hat er dennoch erreicht, und die Kanadier sehen ihn als ihren Nationalhelden an.

Auch im Beacon Hill Park hat man ein Denkmal für Terry Fox errichtet, ganz in der Nähe von „Mile 0“. Hier hätte sein Marathon enden sollen, wenn es ihm vergönnt gewesen wäre, so weit zu kommen.

Auf dem Gipfel des Beacon Hill befindet sich eine Bronzetafel, die darüber informiert, dass diese Gegend vor der Besiedlung ein natürlicher Park war. Die Songhees allerdings würden eine andere Geschichte erzählen, eine, die von den Mühen handelt, eine solche Landschaft hervorzubringen und zu erhalten.

Wer im Frühling den Hügel hinaufsteigt, kann auf dessen Hängen das Wunder eines blauen Blütenteppichs erleben. Vielleicht nicht so üppig blühend wie vor 150 Jahren, doch die Prärielilien sind wieder da.

Cranberry Apple Bran Muffins – Cranberry-Apfel-Kleie-Muffins

Zutaten für 12 Muffins:

- 100 g Weizenkleie
- 250 ml Milch
- 200 g Weizenmehl, Typ 1050
- 100 g brauner Zucker
- 2 Tl Backpulver
- ¼ Tl Natron
- 1 Tl Zimt
- ½ Tl Salz
- ½ Tl Muskat
- 2 Eier
- 50 ml neutrales Öl
- 100 g Tiefkühl-Cranberrys
- 1 Apfel

Zubereitung:

In einer Schüssel die Weizenkleie mit der Milch vermischen und 5 Minuten stehen lassen. In einer größeren Schüssel Mehl, Zucker, Backpulver, Natron, Zimt, Muskat und Salz vermengen.

Eier und Öl zu der Kleie-Milch-Mischung hinzufügen und gut verrühren. Zu den trockenen Zutaten hinzugeben, kurz vermengen. Apfel waschen, schälen und entkernen und in kleine Würfel schneiden. Apfel und tiefgefrorene Cranberrys unter den Teig heben.

Backofen auf 200°C vorheizen. Ein Muffinblech für 12 Muffins einfetten oder Muffinformen aus Papier in die Vertiefungen setzen. Teig gleichmäßig einfüllen. Im Backofen 20 Minuten backen.

Die Muffins werden gerne zum Frühstück gegessen.

Rebellisch, exzentrisch, rätselhaft – die Künstlerin Emily Carr

„Schau, Vater, was ich gemalt habe!“ Emily hielt ihrem Vater einen Bogen Papier hin, auf den sie mit Kohle einen Hund gezeichnet hatte. In dem Papier war zuvor ein Bündel Stoff eingewickelt gewesen, und die Kohle hatte sie im Herd gefunden. Zeichenutensilien für die Kinder waren im Hause Carr nicht vorgesehen.

Der ernste, strenge Mann strich sich bedächtig über den dichten Vollbart. „Der Hund ist gut getroffen“, sagte er schließlich, und das kleine Mädchen lächelte stolz.

Die Mutter warf nicht einmal einen Blick auf das Bild. „Wie sehen denn deine Hände aus, sie sind ja ganz schwarz!“, schimpfte sie. „Geh dich sofort waschen!“

Sie seufzte. Es war doch keine Art für ein Mädchen in diesem Alter, sich ständig schmutzig zu machen. Mal spielte sie mit den Tieren, ob es nun Hunde und Katzen waren oder womöglich Schweinchen und Hühner, mal rollte sie übermütig einen Grashügel hinunter. Danach blieb sie bisweilen minutenlang liegen und presste ihr Gesicht ins Gras, als wollte sie an der Erde riechen.

Warum konnte Emily nicht so sein wie ihre vier älteren Schwestern? Alice zum Beispiel wusste genau, wie man den Tee einschenkte, da ging kein Tropfen daneben. Ernst und konzentriert ging sie dieser kleinen Aufgabe nach. Und Lizzy hatte so viel Geduld beim Sticken. Stundenlang konnte sie sich damit beschäftigen, die Nadel durch den Leinenstoff zu führen.

Richard Carr und seine Frau, die ebenfalls Emily hieß, stammten beide aus England. Im Sommer des Jahres 1863 waren sie nach British Columbia ausgewandert und hatten in Victoria eine neue Heimat gefunden. Die Familie fühlte sich sehr wohl in dieser Stadt, wo man ganz nach englischer Tradition leben konnte. Zudem hatte Richard Erfolg als Geschäftsmann. Mit dem Verkauf von Lebensmitteln und Spirituosen brachte er es zu einem kleinen Vermögen.

Die kleine Emily war das zweitjüngste von neun Kindern. Als sich am 13. Dezember 1871 ihre Geburt ankündigte, tobte gerade ein heftiger Schneesturm, und der Vater musste sich durch beinahe hüfthohen Schnee kämpfen, um die Hebamme zu holen. Vom ersten Tag an zeigte sich Emily als unruhiges Kind, das viel schrie und nicht leicht zufriedenzustellen war. Kaum konnte sie laufen, strebte sie hinaus in den Garten, statt in der Stube zu bleiben und wie ihre Schwestern friedlich mit den Stoffpuppen zu spielen, die die Mutter den Mädchen genäht hatte.

Auch, als Emily älter war, blieb sie im Grunde nur dann ruhig sitzen, wenn sie malen durfte. Die Mutter verzweifelte fast daran, wie wenig sich ihre jüngste Tochter für häusliche Dinge interessierte. Richard hingegen ermutigte Emily bei ihren künstlerischen Neigungen. Sonntags nahm er sie mit auf Streifzüge durch Wiesen und Wälder und erklärte ihr die Dinge, die sie unterwegs sahen. Emily war zweifellos seine Lieblingstochter, und nach dem Tod der Mutter 1886 rückten beide noch mehr zusammen.

Dann aber wurde das gute Verhältnis jäh zerstört, und zwar durch Richard selbst. Erst Jahrzehnte später äußerte sich Emily in einem Brief an eine Freundin über den Vorfall, jedoch nur andeutungsweise. Was wirklich geschehen war, erfuhr niemand. Offenbar hatte Richard sie über die Intimität zwischen Mann und Frau aufklären wollen – ein Tabuthema im viktorianischen Zeitalter – und war dabei extrem unsensibel vorgegangen. Emilys Vertrauen in den Vater wurde tief erschüttert, und ihre Liebe zu ihm kehrte sich in Hass und Verachtung um.

Richard starb 1888, und danach kümmerte sich die älteste Tochter Edith um diejenigen ihrer Geschwister, die noch nicht erwachsen waren.

Gegen die Ehe, für die Kunst

Emily wusste bereits als Teenager, dass sie als professionelle Malerin arbeiten wollte. Rollenvorbilder allerdings gab es zu der damaligen Zeit nicht, und auch ihre Familie zeigte keinerlei Verständnis. Vielmehr drängte Edith darauf, dass Emily endlich all das lernte, was sie brauchen würde, um künftig einen großen Haushalt zu führen, als Ehefrau, Hausfrau und Mutter. Und das reichte doch wohl, nicht wahr?

Aber Emily stellte sich eine andere Zukunft vor. Als sie achtzehn war, nahm sie all ihren Mut zusammen und besuchte James Lawson, ihren gesetzlichen Vormund, in seinem Büro. „Mr. Lawson, ich beabsichtige, am San Francisco Art Institute Kunst zu studieren“, sagte sie mit fester Stimme. „Und ich möchte, dass Sie mir die entsprechenden Mittel aus dem Vermögen meines Vaters zur Verfügung stellen.“

Mr. Lawson sah keinen Grund, diesem Wunsch nicht zu entsprechen. An der Kunstschule in San Francisco erhielt Emily eine grundlegende Ausbildung und lernte, traditionelle Motive wie Stillleben und Landschaften zu malen. Bevor sie jedoch das dritte Studienjahr beenden konnte, beorderte

Lawson sie nach Victoria zurück. Sie habe jetzt genug herumgespielt, teilte er ihr mit. Emily aber war mehr denn je entschlossen, sich der Malerei zu widmen. Sie wandelte die Scheune auf dem elterlichen Grundstück in ein Künstlerstudio um, und weil das Geld knapp wurde, begann sie außerdem, Malkurse für Kinder abzuhalten.

Im Sommer des Jahres 1898 besuchte sie ihre Schwester Lizzy in Ucluelet, einem kleinen Nest an der Westküste von Vancouver Island. Lizzy arbeitete an einer Missionsschule für die Nootka-Indianer, und die Familie hoffte, Emily würde sich ein Beispiel an der älteren Schwester nehmen. Doch es kam ganz anders. Emily freundete sich mit den Indianern an, deren offene, ehrliche Art ihrer Natur mehr entsprach als der steife, von Konventionen bestimmte Umgang, den man in der englischen Gesellschaft miteinander pflegte. Die Indianer gaben der lebhaften jungen Frau einen Namen: Klee-Wyck, die Lachende.

Sie hatten nichts dagegen, dass Emily im Dorf zeichnete: die Menschen und ihre Häuser, Kanus, Totempfähle und Masken. Die indianische Kultur, die zu jener Zeit dem Untergang geweiht schien, beeindruckte die junge Malerin zutiefst. Der Sommer in Ucluelet wurde für sie zu einer einzigartigen Erfahrung, die ihre weitere künstlerische Entwicklung stark beeinflussen sollte.

An Bord des Dampfers, der sie wieder nach Victoria bringen sollte, lernte sie einen jungen Mann kennen, Mayo Paddon, und es entwickelte sich eine Freundschaft zwischen ihnen. Paddon allerdings wollte mehr und machte ihr einen Heiratsantrag, nicht nur einmal, sondern viele Male. Emily jedoch hatte sich längst entschieden: gegen die Ehe und für ihre Karriere als Künstlerin. Im darauffolgenden Jahr ging sie nach London, um an der Westminster School of Art zu studieren.

Böden wischen, Betten machen

Emily blieb mehrere Jahre in England, teilweise jedoch unfreiwillig, weil sie krank wurde. Nach einem Nervenzusammenbruch musste sie 15 Monate in einem Sanatorium verbringen, bevor sie nach Kanada zurückkehren konnte. Mutlos notierte sie in ihr Tagebuch: „Viereinhalb Jahre in England – und ich habe nichts, was ich vorweisen könnte."

Erst im Westen, dessen grandiose Landschaft sie so lange vermisst hatte, spürte sie wieder Lebensfreude und neuen Mut. Nein, sie würde sich nicht geschlagen geben! Stattdessen schockierte sie die englische Gesellschaft in Victoria, indem sie hoch zu Ross im Herrensitz durch die Straßen ritt, begleitet von ihren Hunden. Die Familie war peinlich berührt. Musste sich die Schwester mit ihren Eskapaden unbedingt zum Gesprächsthema Nr. 1 machen? In der Enge der althergebrachten Regeln und Traditionen hielt Emily es nicht lange aus. Sie zog ins weltoffenere Vancouver und mietete sich ein Studio, wo sie malen und Schüler unterrichten konnte.

Im Sommer 1907 reiste sie entlang der Westküste Kanadas bis hinauf nach Alaska. Was sie vom Schiff aus sah, stimmte sie wehmütig: Es waren kunstvoll geschnitzte Totempfähle, doch in einem schlechten Zustand und dem Verfall preisgegeben. In diesen Wochen fasste sie einen Entschluss: Sie würde die Überreste der indianischen Kultur malen und dokumentieren, bevor sie unwiederbringlich verschwanden.

Doch ihr nächstes Ziel war erst einmal Paris, das Mekka der Künstler. Hier entwickelte sie schließlich ihren eigenen postimpressionistischen Malstil. Mit kräftigen Farben und kühnen Pinselstrichen brachte sie Bewegung und Emotionen in ihre Motive, die keine Kamera so hätte aufnehmen können. Als sie zwei Jahre später nach Vancouver zurückkehrte, veranstaltete sie eine Ausstellung mit den Ölgemälden und Aquarellen, die sie in Frankreich gemalt hatte.

Im Westen Kanadas allerdings, weit weg von Paris, konnten die Leute mit dem neuen Stil nichts anfangen. Die Bilder seien zu nachlässig gemalt, wo blieben die Details? Emily versuchte, ihr Credo zu erklären: „Es geht um das Wesen der Dinge, nicht um belanglose Einzelheiten. Bilder sollten von der Natur inspiriert werden; ihren Ursprung jedoch haben sie in der Seele des Künstlers." Mit diesen Worten erntete sie nur verständnislose Blicke.

Nach dieser entmutigenden Erfahrung zog Emily wieder zurück nach Victoria. Die langen Sommerwochen nutzte sie, um ausgedehnte Reisen zu den indianischen Dörfern zu unternehmen. Im Dämmerlicht des Regenwaldes glitt sie mit dem Kanu, geführt von einem einheimischen Indianer, mitten hinein in die geheimnisvolle Wildnis der Westküste und ihrer Inseln. Seltsame Gesichter und Fratzen starrten von den Totempfählen zu ihr herunter, als wären sie die Augen des Waldes. Wenn sie ihre Skizzenblöcke auspackte, ließen die Indianer sie gewähren. Doch sie gaben ihr auch zu verstehen, dass sie nur eine Beobachterin sei. Ein Außenstehender könne die Bedeutung der Totempfähle nicht ergründen.

Im Jahr 1913 konnte die Künstlerin über 200 Gemälde und Zeichnungen zur Kultur der Ureinwohner vorweisen – ein Werk, für das sich niemand interessierte. Wieder einmal wurden die Mittel knapp. Emily kratzte Geld aus einer Erbschaft zusammen, kaufte ein Haus und wandelte es in eine Pension um. Die nächsten Jahre verbrachte sie weitgehend damit, Eier und Speck für das Frühstück zu braten, Geschirr zu spülen, Betten zu machen und Böden zu wischen. Ausgerechnet sie, die Hausarbeit immer gehasst hatte! Nur ihre Menagerie, bestehend aus Hunden und Katzen, einem Papageien und einem zahmen Affen namens Woo, der auf ihrer Schulter sitzen durfte, hinderte sie daran, in Depressionen zu versinken.

„Miss Carr ist recht exzentrisch“, hieß es in Victoria, und damit war alles gesagt. Emily störte es nicht, dass man so über sie sprach. Als exzentrisch zu gelten, gab ihr die Freiheit, zu tun und zu lassen, was sie für richtig hielt.

Wenn sie keinen Menschen sehen wollte, stieg sie hinauf zum Dachboden und ließ sich in einem alten Sessel nieder, direkt unter den ausgebreiteten Schwingen eines Adlers, den sie auf die Holzverkleidung oben an der Decke gemalt hatte. An den Seiten lehnten ihre Bilder. „Komm zurück!“, schienen sie zu wispern.

Später Triumph

Im Sommer des Jahres 1927 erhielt Emily Carr einen Anruf, der ihr Leben verändern sollte. „Hier spricht Eric Brown von der National Gallery“, tönte es aus dem Telefonhörer.

Brown war der Direktor der Nationalgalerie in Ottawa, und er lud Emily ein, an einer Ausstellung über die Kunst der kanadischen Westküste teilzunehmen, die im Dezember 1927 stattfinden sollte. Ein befreundeter Ethnologe hatte ihm von den Bildern der talentierten Malerin erzählt.

Der Direktor kam höchstpersönlich nach Victoria, um eine Auswahl zu treffen. Fasziniert und sehr bald tief beeindruckt betrachtete er ein Gemälde nach dem anderen. Schließlich ließ er 65 der Werke in Kisten verpacken und per Eisenbahn nach Ottawa transportieren. Emily selbst reiste ihren Bildern Ende November nach.

Die Ausstellung wurde zum Glanzpunkt ihrer künstlerischen Laufbahn – endlich erhielt sie die Anerkennung, nach der sie sich so lange gesehnt hatte!

Woher rührte das plötzliche Interesse an ihren Werken? Ihr Stil hatte sich in den letzten 15 Jahren nicht verändert. Doch die Kanadier stellten sich immer vernehmlicher die Frage nach der eigenen Identität. War ihr Land in kultureller Hinsicht wirklich eine eigenständige Nation? Oder nur die nördliche Verlängerung der USA oder der westliche Arm Großbritanniens?

In Ontario hatte die „Group of Seven" großen Einfluss gewonnen, eine Künstlervereinigung, deren Ziel es war, eine eigenständige kanadische Kunst zu entwickeln. Ihre Motive fanden die Künstler in der einzigartigen Natur und Wildnis des Landes. Emily traf die Mitglieder der Group of Seven in den Wochen der Ausstellung. Lawren Harris, einer der Künstler, begrüßte sie mit den Worten: „Sie sind eine von uns!" Nach Jahren der Isolation war es eine Befreiung für Emily, sich endlich mit Gleichgesinnten austauschen zu können.

Harris wurde in der Folge zu ihrem Mentor. Er empfahl ihr, sich weniger auf die Kunst der Ureinwohner zu fokussieren, sondern in der Natur selbst zu malen. Für Emily begann nun die produktivste Phase ihres Lebens. Mit einem kleinen Wohnwagen und begleitet von ihren Tieren zog sie in die Wildnis, um zu malen. Die Stille des Urwaldes, sein üppiges Grün in unzähligen Schattierungen, die Streifen und Flecken des eindringenden Sonnenlichts, die Stimmungen und Klänge der Natur – all das bringen ihre Werke in unverwechselbarer Weise zum Ausdruck. Wer Emily Carrs Bilder betrachtet, blickt in die Seele von British Columbia.

Nach einem Herzinfarkt 1937 verschlechterte sich ihre Gesundheit zunehmend, und es wurde zu mühsam für sie, sich tagelang draußen aufzuhalten, weitab von jedem Komfort. Daraufhin wandte sie sich ihrem zweiten Talent zu, das sie bisher nur nebenbei gepflegt hatte, und begann, Kurzgeschichten zu schreiben. Ihr erstes Buch kam 1941 heraus. Es trägt den Titel „Klee Wyck“ und enthält eine Sammlung von Kurzgeschichten, die auf ihren Erlebnissen mit den Ureinwohnern beruht.

Emily Carr starb am 2. März 1945 im Alter von 73 Jahren. Sie gehört heute zu den bedeutendsten Künstlern Kanadas. Ihre Werke hängen in mehr als 35 Museen, Galerien, Institutionen und privaten Sammlungen. Dass sieben ihrer Bilder 2012 auf der renommierten Documenta in Kassel zu sehen waren und dort von einem internationalen Publikum beachtet wurden, darauf ist man in Kanada besonders stolz.

Emily Carrs Grab befindet sich auf dem Ross Bay Cemetery in Victoria. Die Inschrift auf ihrem Grabstein beginnt mit den Worten: „Dear Mother Earth! I think I have always specially belonged to you …“ (Liebe Mutter Erde! Ich glaube, ich habe immer vor allem zu dir gehört …)

Weil niemand ihr Wesen und ihre Leidenschaft verstand, war Emily eine einsame Frau, in der Familie das schwarze Schaf und in der Gesellschaft eine Außenseiterin, die es mit ihrer direkten, manchmal ruppigen Art auch anderen nicht leicht machte. In der Natur fühlte sie sich mehr zu Hause als in der Gegenwart ihrer Mitmenschen, und gleichzeitig sehnte sie sich nach der Verbindung mit ihnen. Es war ihr lebenslanges Dilemma.

Dennoch ließ sie sich von niemandem davon abhalten, ihren eigenen Weg zu gehen. Und damit ist sie heute für viele, gerade auch für junge Frauen, ein Vorbild.

Nanaimo Bars – kanadische Donauwelle

Zutaten für 9 Stück:

Für den Boden:

115 g Butter
50 g Zucker
5 El Kakaopulver
1 Ei
150 g Grahamcracker, zerkrümelt
100 g Kokosflocken
55 g feingehackte Mandeln

Für die Füllung:

115 g weiche Butter
50 ml Sahne
2 El Instant-Vanillepuddingpulver
200 g Puderzucker

Für den Guss:

400 g Zartbitterschokolade
50 g Butter

Zubereitung:

Boden: Butter, Zucker und Kakao unter Rühren im Wasserbad schmelzen. Verquirltes Ei dazugeben und unterrühren, bis die Creme dicker wird. Vom Herd nehmen und die Crackerkrümel, Kokosflocken und gehackten Mandeln unterrühren. Die Mischung in eine etwa 20 x 20 cm große Springform drücken.

Füllung: Puddingpulver mit Puderzucker vermischen, zusammen mit Butter und Sahne schaumig rühren. Auf dem Kuchenboden verstreichen, kalt stellen.

Guss: Schokolade mit der Butter im Wasserbad schmelzen, kurz abkühlen lassen. Auf der Füllung verteilen und fest werden lassen. Nanaimo Bars in Quadrate schneiden.

Das Rezept stammt aus der Stadt Nanaimo auf Vancouver Island.

Wein aus der Wüste – das Weingut Nk‘Mip Cellars

Die Hitze flimmert über dem ausgedörrten Boden. Die kleinen weißen Wölkchen, die wie Bäusche von Zuckerwatte am blauen Himmel über der kargen Hügellandschaft hängen, versprechen alles, nur keinen Regen. Struppige, graugrüne Sträucher recken sich trotzig der gleißenden Sommersonne entgegen, als wollten sie sagen: Uns bringt so schnell nichts um. In der ockerfarbenen Erde wurzeln Kakteen mit breiten stacheligen Blättern. Kaum ein Laut ist zu hören. Die Tiere harren geduldig in einem kühlen Versteck aus, bis die Schatten lang werden und der Abend naht.

Man fühlt sich an Arizona erinnert, an New Mexico – und ist doch in Kanada. Dort, ganz im Süden von British Columbia, breitet sich eine kleine, feine Wüste aus, die Okanagan Desert. Sie ist so winzig, als hätte die Natur sie nur zu Versuchszwecken angelegt. Strenggenommen handelt es sich um eine semiaride Strauchsteppe. Zwar ist das Fleckchen Ödland mit einem trockenen, heißen Klima ausgestattet, dessen Temperaturen im Hochsommer nicht selten 40 Grad erreichen, doch in den Wintermonaten geht ab und zu auch ein kräftiger Regenschauer nieder.

Aber wer will es schon so genau nehmen? „Wir haben Kanadas einzige Wüste“, behaupten die Leute in Osoyoos. Das kleine Städtchen liegt in unmittelbarer Nachbarschaft der Wüste und so nah an der Grenze zum US-Bundesstaat Washington, dass man in einer guten halben Stunde dorthin laufen könnte.

Die Gegend um Osoyoos ist Teil des Okanagan Valley, eines etwa 250 Kilometer langen Tals, das sich von Nord nach Süd entlang des Okanagan River und mehrerer Seen erstreckt, angefangen vom Okanagan Lake bis hinunter zum Osoyoos Lake. Das beständig schöne Wetter zieht Sonnenhungrige aus ganz Kanada an, sowohl Touristen als auch Pensionäre, die sich hier ganzjährig niederlassen, um im eigenen Land ein Klima zu genießen, das an Kalifornien erinnert.

Und ebenso wie in Kalifornien blüht im Okanagan Valley ein Wirtschaftszweig, der viel Sonnenschein und Wasser verlangt: der Obstanbau. Im Sommer kann man an den Obstständen am Straßenrand das kaufen, was gerade reif ist. Dicke rote Kirschen ab Ende Juni, dann geht es weiter mit Aprikosen, Pfirsichen, Birnen, Pflaumen und Äpfeln bis hin zu den Weintrauben im September und Oktober. Gerade in diesen beiden Monaten geht es im Valley besonders geschäftig zu, denn dann ist die Zeit der Weinlese.

Weinanbau in Kanada? Wenn wir Freunden und Bekannten zu Hause von kanadischem Wein erzählen, ernten wir erstaunte Blicke. „Ja, ein paar Reben hinterm Haus für den Hobbywinzer, das kann ich mir noch vorstellen“, sagte eine Freundin. „Aber Wein im großen Stil? Doch nicht in diesem kalten Land!“

Tatsächlich weist Kanada zwei große Weinanbaugebiete auf, im Osten die Niagara-Halbinsel zwischen Ontariosee und Eriesee und im Westen das Okanagan Valley. Das Wein-Institut von British Columbia hebt hervor, dass es in diesem Tal wärmer und trockener ist als im Napa Valley, dem Hauptanbaugebiet des kalifornischen Weins. Zudem liegt das Okanagan Valley rund 1.500 Kilometer weiter nördlich, was den kanadischen Trauben während ihrer Hauptwachstumszeit täglich zwei Stunden mehr Sonne verschafft.

Ob rot oder weiß, die Weine, die hier gekeltert werden, brauchen den Vergleich mit der internationalen Konkurrenz aus Europa, Kalifornien oder Neuseeland nicht zu scheuen. Nur, dass sie nicht so bekannt sind.

Häuptling und Wirtschaftsberater

Kehren wir zurück nach Osoyoos. Dort gibt es nicht nur die kleine Wüste, sondern auch mehrere Weingüter, und das größte davon ist der Betrieb von Nk'Mip Cellars. Ein ungewöhnlicher Name für ein ungewöhnliches Unternehmen! Das Weingut befindet sich auf dem Land der Osoyoos Indian Band, einer der First Nations von British Columbia, und wird von den Mitgliedern des Stammes in Eigenregie betrieben. Das Wort „Nk'Mip" – man spricht es „Inka-Miep" aus – bedeutet „Flussniederung" in der Sprache der Osoyoos.

Die Touristen, die zum ersten Mal in die Gegend kommen, wundern sich: Ein indianisches Weingut, davon hat man ja noch nie gehört! Doch die Osoyoos-Indianer, die seit Jahrhunderten hier ansässig sind, lieben ihr Land und kennen die Bodenverhältnisse genau, und beides stellt eine der besten Voraussetzungen für den Weinanbau dar. Nk'Mip Cellars hat für seine Weine schon viele Preise gewonnen und wurde 2016 als kanadisches Weingut des Jahres ausgezeichnet.

Der Weg zu diesen Erfolgen war allerdings lang, und die Anfänge gestalteten sich mühsam. Im Jahr 1968 hatte das kanadische Ministerium, das für die Angelegenheiten der Ureinwohner zuständig ist, den Weinbaubetrieb Nk'Mip Vineyards gegründet, um den Osoyoos-Indianern eine wirtschaftliche

Entwicklung zu ermöglichen. Während die anderen Weinbauern im Okanagan Valley profitabel arbeiteten, schrieb das indianische Unternehmen ständig rote Zahlen. Gleichzeitig hatten die Indianer im Reservat mit Armut und Suchtproblemen zu kämpfen, es gab zu wenig Jobs, und die Aussicht auf eine bessere Zukunft war gleich null. Anfang der achtziger Jahre schließlich, als die Kredite nicht mehr zurückgezahlt werden konnten und der Schuldenberg in den Himmel wuchs, musste der Betrieb Konkurs anmelden.

Das Unternehmen war offenbar ein Fehlschlag gewesen. Vielleicht, weil das Projekt von außen an die Indianer herangetragen wurde und sie es nicht als ihr eigenes empfanden. Oder aus dem einfachen Grund, weil der Betrieb nicht richtig gemanagt wurde. Zunächst sah es so aus, als müssten die Nk'Mip Vineyards für immer schließen, doch dann trat überraschend eine Wende ein. Denn im Jahr 1984 wählten die Mitglieder der Osoyoos Indian Band einen jungen Mann namens Clarence Louie zu ihrem Oberhaupt.

Louie, Jahrgang 1960, war im Osoyoos-Reservat aufgewachsen. Nach seinem Schulabschluss studierte er zunächst an der First Nations University in Regina, der Hauptstadt der Provinz Saskatchewan, dann an der Universität von Lethbridge in Alberta. Während seines Studiums befasste er sich intensiv mit der Geschichte und der gegenwärtigen Situation der kanadischen Ureinwohner. Mit dem Diplom in der Tasche kehrte er schließlich ins Okanagan Valley zurück.

Der neue Chief überzeugte seine Stammesmitglieder, dass indianische Kultur und unternehmerisches Handeln kein Widerspruch sein mussten. „Jobs und wirtschaftliche Entwicklung sind unser Weg nach vorne“, sagte er. „Wir müssen wieder zu der Arbeitskultur unserer Vorfahren zurückkehren.“ Und er erinnerte die Indianer daran, dass die Osoyoos in den vergangenen Jahrhunderten ganz selbstverständlich für den Lebensunterhalt ihrer Familien gearbeitet hatten. Dauerhaft von staatlicher Unterstützung abhängig zu sein, hielt er für keine gute Wahl.

Louie ging durch die Reihen der Reben. Zwischen den grünen Blättern hingen pralle, dunkelviolette Trauben, hervorgebracht von der Sonne und dem guten sandigen Boden. In dieser Flussniederung hatte das Schmelzwasser der Gletscher über Jahrtausende seine Sedimente abgelagert. Louie probierte die eine oder andere Traube – was für ein Aroma! Kein Zweifel, im Weinanbau steckte ein enormes Potenzial, wenn man ihn denn wirklich professionell betrieb.

Der Chief erhob das Management von Nk'Mip Vineyards zur obersten Priorität. Er stellte die Organisation um, führte eine strenge Kontrolle der Finanzen ein und setzte einen neuen Geschäftsführer an die Spitze. Innerhalb von zwei Jahren erwirtschaftete das Unternehmen zum ersten Mal in seiner Geschichte einen ordentlichen Gewinn.

Um für die Menschen, die im Reservat lebten, weitere wirtschaftliche Möglichkeiten zu schaffen, startete die Osoyoos Indian Band im Jahr 2001 ein Joint Venture mit Vincor (heute Constellation), dem weltgrößten Weinhersteller, und baute mit ihm zusammen eine Weinkellerei auf. Aus Nk'Mip Vineyards wurde Nk'Mip Cellars, das Weingut, das heute in der Top-Liga der kanadischen Weinbaubetriebe mitspielt.

Indianische Weinkultur

Eine Kette kahler Hügel und der blausilbern schimmernde Osoyoos Lake bilden die malerische Kulisse für das ockergelbe Hauptgebäude des Weinguts. Es wirkt wie ein Teil der Landschaft, so als wäre es inmitten der Weinfelder allmählich aus der Erde gewachsen. Im Verkaufsraum fallen sofort die indianischen Figuren und Symbole auf. Sie schmücken nicht nur Wände und Weinregale, sondern verleihen auch den Etiketten der Flaschen ein unverwechselbares Design. Hier wird mit Stolz Tradition präsentiert!

Dass die Weine von Nk'Mip Cellars etwas Besonderes sind, spiegelt sich auch in ihren Namen wider. So heißt eine erlesene Serie von Premiumweinen „Qwam Qwmt", was in der Sprache der Osoyoos so viel bedeutet wie „Erreichen höchster Qualität". Ein anderer Wein trägt den Namen „Dreamcatcher", Traumfänger.

Allgegenwärtig ist das Logo von Nk'Mip Cellars, eine Schildkröte auf einer Pfeilspitze. Das Motiv geht auf eine indianische Legende zurück:

Eines Tages forderte der Adler die Tiere eines nach dem anderen zu einem Wettrennen auf, und jedes Mal triumphierte er als Sieger. Die Verlierer aber mussten fortan als Sklaven für den Adler arbeiten. Der Schildkröte, die an dem Wettbewerb nicht teilgenommen hatte, taten die anderen Tiere leid. In der Nacht träumte sie, wie sie ihnen helfen konnte. Am nächsten Tag sagte sie zu dem Adler: „Nimm mich auf deinen Rücken und flieg mit mir auf diesen hohen Baum dort. Dann wollen wir sehen, wer am schnellsten den Boden erreicht. Wenn ich gewinne, musst du die Tiere wieder freigeben." Der siegesgewohnte Adler war einverstanden. Die Schildkröte jedoch fiel schneller vom Baum, als der Adler fliegen konnte. „So", sagte die Schildkröte zu den anderen Tieren, „nun seid ihr wieder frei und könnt tun und lassen, was ihr wollt."

Und weil die Schildkröte seit dieser Zeit als einfallsreiches und vorausschauendes Tier gilt, symbolisiert sie heute die Marke Nk'Mip Cellars.

Der Osoyoos Indian Band geht es immer darum, ihren rund 500 Mitgliedern neue Chancen für Jobs und eine berufliche Weiterentwicklung zu eröffnen, und zwar in ihrer angestammten Heimat. Die 13.000 Hektar Land, die den Indianern gehören, bieten viel Platz für die Verwirklichung neuer Geschäftsideen. So betreiben die Osoyoos neben dem Weingut ein Gourmet-Restaurant, ein Konferenzzentrum, Hotels und einen Golfplatz. Im Nk'Mip Desert Cultural Centre können die Besucher viel über die Natur und Kulturgeschichte dieses Landstrichs lernen, und sie dürfen die kleine Wüste, die eigentlich eine Strauchsteppe ist, auf Wanderwegen erkunden. Aber Vorsicht, nicht vom Weg abweichen, es lauern Klapperschlangen im Gebüsch!

Clarence Louie, der nun seit über 30 Jahren die Position des Stammesoberhauptes innehat, ist heute ein gefragter Experte, wenn es um die wirtschaftliche Zukunft der kanadischen Indianerreservate geht. Er weiß, dass eine positive Entwicklung nur von innen heraus geschehen kann, selbstbestimmt und in einer Weise, dass die Indianer sie als Teil ihrer Kultur betrachten. „Wir, die Osoyoos, haben heute eine Business-Kultur", sagt Louie selbstbewusst.

Wie wichtig das Gefühl von Kontinuität ist, wird in dem Motto des Stammes deutlich: „We are what we were and always will be." Die Osoyoos sind, was sie waren und immer sein werden, und das hat sich auch durch ihre großen Erfolge als Winzer und Unternehmer nicht geändert.

Spiced Rum Grilled Peaches – gegrillte Pfirsiche mit gewürztem Rum

Zutaten für 4 Personen:

2 El geschmolzene Butter
2 El Butter zum Einfetten
4 große reife Pfirsiche
4 El Ahornsirup
1 Tl Zimt
¼ Tl Muskat
3 El brauner Rum
1 Tl Vanilleextrakt
Minzblätter zum Garnieren

Zubereitung:

Grill vorheizen (geringe Hitze). Pfirsiche halbieren, Kerne entfernen. Die Hälften mit geschmolzener Butter einpinseln. Mit der flachen Seite nach unten etwa 3 Minuten grillen.

In einer kleinen Schüssel Ahornsirup, Zimt, Muskat, Rum und Vanilleextrakt verrühren.

Eine Eisenpfanne mit reichlich Butter einfetten. Pfirsichhälften mit der flachen Seite nach oben hineinlegen und mit der Rummischung beträufeln. Eisenpfanne auf den Grill stellen und die Pfirsiche 5 Minuten grillen, bis sie zart und weich sind.

Mit Schlagsahne oder Vanilleeis servieren und mit Minzblättern garnieren.

Lachs in Dosen – die North Pacific Cannery in Port Edward

Von weitem bietet sich uns ein malerisches Bild: Niedrige weiße und hellgraue Holzhäuser mit roten Dächern spiegeln sich im ruhigen Wasser der Inverness Passage, einem Meeresarm im Mündungsbereich des Skeena River. Die einfachen, von Wind und viel Feuchtigkeit strapazierten Behausungen stehen in sicherer Höhe auf Holzpfählen, gut geschützt vor der Flut. Sie sind durch Plankenwege miteinander verbunden.

Direkt hinter der kleinen Ansammlung von Gebäuden erheben sich die Küstenberge, im satten Grün des vom Regen verwöhnten Waldes. Nebelschwaden hängen wie durchsichtige Gardinen von den Hängen herab. Über den Himmel schieben sich dunkelgraue Wolken, zwischen denen ab und zu die Sonne hervorblitzt. Das Wetter ist launisch heute.

Der einsame, wildromantische Ort liegt an der Nordwestküste von British Columbia, einige Kilometer außerhalb der Gemeinde Port Edward. Zwanzig Kilometer weiter nördlich befindet sich Prince Rupert, eine kleine, aber bedeutende Hafenstadt an der berühmten Inside Passage, dem Seeweg, der sich durch die Inselwelt vor der Küste von British Columbia und Alaska zieht.

Wenn auch der Anblick wie die reine Idylle wirkt, so war der Zweck, dem jene Ansiedlung diente, doch sehr prosaisch:

Es handelt sich um eine ehemalige Konservenfabrik, die North Pacific Cannery. Ende der siebziger Jahre wurde der Betrieb aufgegeben, und heute ist die alte Fabrik eine „National Historic Site“, ein Ort von nationaler historischer Bedeutung, den man besichtigen kann.

Was haben die Fabrikarbeiter hier damals eingedost? Es war der Lachs, vor allem der „sockeye salmon“, auf Deutsch Rotlachs. Etwa ab der Mitte des 19. Jahrhunderts wuchsen überall entlang der Westküste Fabriken für Fischkonserven aus dem Boden; in der Blütezeit dieser Industrie zählte man mehr als 200 Anlagen. Schier unerschöpflich schien der Reichtum des Meeres zu sein! In dichten Schwärmen drängten die Lachse in die Flüsse hinein, und die Menschen mussten nur ihre Netze spannen, um die nahrhaften Geschenke der Natur einzufangen.

Sterben für den Nachwuchs

Mutter Natur hat den Lachsen eine eigentümliche Gewohnheit in die Gene gelegt. Sie schlüpfen in Seen oder Bächen, wandern über die Flüsse ins Meer und kehren zum Laichen in ihre Geburtsgewässer zurück. Nicht alle Rotlachse sind reiselustig. Manche ziehen es auch vor, ihr ganzes Leben im Süßwasser zu verbringen. Die meisten jedoch machen sich im Alter von ein bis zwei Jahren auf den Weg in den Pazifik. Dort schwimmen sie zwei bis drei Jahre lang herum, werden dabei erwachsen und legen an Gewicht zu. Ausgewachsene Exemplare können eine Große von bis zu 90 Zentimetern erreichen.

Wenn es Zeit wird, den Nachwuchs zur Welt zu bringen, treten die Lachse den Rückweg in die Gewässer an, die ihnen noch aus der Jungfischzeit vertraut sind. Eine enorme Leistung, die gute Kondition erfordert: Sie müssen nicht nur geübte Langstreckenschwimmer, sondern auch Meister im Hochsprung sein, damit sie in der Lage sind, unterwegs Stromschnellen und Wasserfälle zu überwinden.

Beim Navigieren orientieren sie sich einmal am Magnetfeld der Erde, zum anderen hilft ihnen ihr ausgeprägter Geruchssinn. Auf dem Weg in den Ozean haben sie sich die ganz speziellen Duftnoten der jeweiligen Bäche, Seen und Flüsse ihrer Heimat eingeprägt, so können sie auf dem Rückweg dieser Fährte folgen. Und wenn der Lachs den Weg nach Hause einmal nicht findet? Dann zeigt er sich flexibel und sucht sich ein anderes Gewässer.

Traurig, aber wahr: Nach der ersten Laichrunde ihres Lebens sterben die Lachse, und aus den Eiern schlüpfen Wochen später kleine Waisenfische. Die toten Körper jedoch bereichern die Laichgewässer mit lebenswichtigen Nährstoffen frisch aus dem Ozean, etwa Stickstoff, Schwefel, Kohlenstoff und Phosphor, wovon wiederum die nächste Lachsgeneration, die hier aufwächst, profitiert.

Nicht nur auf diese Weise nähren die Lachse die Ökosysteme. Bären verspeisen gerne frischen Lachs, fressen den Fisch meist aber nur zur Hälfte. Den Rest lassen sie auf dem Waldboden liegen. Andere Tiere lauern auf die saftigen Happen und machen sich darüber her, sobald der Bär den Rücken kehrt.

Viele der Lachse aber erreichen die Laichgründe erst gar nicht. Sie werden abgefischt und landen tiefgefroren in Kühlschränken. Oder in mundgerechte Häppchen zerteilt in Konservendosen.

Und oben kreischen die Möwen

Die Konservenfabriken wurden an strategisch günstigen Standorten errichtet, und zwar im Mündungsgebiet der Flüsse, die zu den Hauptwanderrouten der Lachse zählen. Jeden Sommer, wenn die Fische sich auf den Weg flussaufwärts machten, strömten gleichzeitig tausende von Menschen jedweder Herkunft in die Fabriken an der Küste, um dort die nächsten vier Monate zu arbeiten.

In abgelegenen, schwer erreichbaren Gegenden wie der Inverness Passage am Skeena River wohnten die Arbeiter während der Fangsaison auf dem Fabrikgelände. Wenn auch das Personal multikulturell zusammengesetzt war, so blieb doch jede Gruppe unter sich. Bei der North Pacific Cannery gab es getrennte Schlafbaracken für Chinesen, Japaner und Ureinwohner. Indianische Arbeitskräfte aus der Umgebung waren begehrt, weil sie über eine jahrtausendelange Erfahrung mit der Lachsfischerei verfügten.

In den meisten Konservenfabriken wurden die Aufgaben nach der ethnischen Zugehörigkeit der Arbeiter verteilt. Die Japaner fingen die Lachse und flickten die Netze, die Ureinwohner arbeiteten teils auf den Fischerbooten, teils in der Fabrik, und die Chinesen standen am Abfüllband und schoben später die fertig befüllten Dosen in den großen Ofen. Es waren billige Arbeitskräfte, die zu sehr geringen Löhnen arbeiteten.

Ich lasse meinen Blick über die Anlage schweifen. In meiner Vorstellung landen Boote an den Anlegestellen, beladen mit zappelnden Rotlachsen. Die Fischer springen auf die Pier, lautes Rufen ertönt, Menschen wuseln betriebsam durcheinander. Alles muss schnell gehen, damit der Lachs nicht verdirbt. In der Fabrik stehen die Arbeiter bis zu den Knöcheln inmitten von glitschigen Fischleibern. Hoch oben in der Luft über den Dächern kreischen die Möwen, jederzeit bereit, kopfüber ins Meer zu tauchen, um sich Fischköpfe oder Innereien zu schnappen, all das, was die Menschen wegwerfen.

Die North Pacific Cannery nahm 1889 ihren Betrieb auf. Scharen von Arbeitern waren hier beschäftigt, da jeder einzelne Arbeitsschritt manuell erfolgte, vom Aufschlitzen, Ausnehmen und Säubern der frischen Fische über das Zerteilen und Abfüllen bis hin zum Etikettieren und Verpacken der Dosen für den Transport. Ja, selbst die Blechdosen mussten anfangs noch von Hand geformt werden. Im Laufe des 20. Jahrhunderts kamen jedoch mehr und mehr Maschinen zum Einsatz, und damit fielen auch die meisten der einfachen, schlecht bezahlten Jobs weg.

Es war übrigens ein britischer Kaufmann, Peter Durand, der auf die Idee kam, Behältnisse aus Blech luftdicht zu verschließen, um auf diese Weise verderbliche Lebensmittel zu konservieren. Im Jahr 1810 erteilte man ihm das Patent für seine Konservendose. Der dazugehörige handliche Dosenöffner allerdings wurde erst 1855 erfunden. Vorher mussten die Leute den Deckel mit Hammer oder Meißel aufbrechen.

Dosenfisch, günstig und nahrhaft

Keine Fischkonservenfabrik in British Columbia war so lange in Betrieb wie die North Pacific Cannery. Aber warum hat sie zugemacht? Und warum haben so viele andere ihre Tore geschlossen?

Als wir im Café des Museums, genannt „Mess House“, Kaffee trinken und Sandwiches essen, kommen wir mit einem grauhaarigen älteren Herrn namens Bob ins Gespräch. Bob ist ein passionierter Angler und hat mit seinen beiden Enkeln, etwa sieben und neun Jahre alt, die alte Fabrik besichtigt.

Aber jetzt sind die Jungs mit einem Computerspiel auf Opas Handy beschäftigt.

„Dass hier keine Konserven mehr abgefüllt werden, hat mehrere Gründe", sagt Bob. „Es liegt einmal daran, dass die Lachsbestände schwinden. Hinzu kommt, dass es früher keine Kühlschiffe und Kühltransporter gab. Wer Lachs essen wollte, aber weitab von den Lachsflüssen wohnte, hat Dosenfisch gekauft. Das war günstig und nahrhaft."

Ich erinnere mich an meine Kindheit, die sich am Niederrhein abspielte und nicht an der Nordseeküste. Der erste Hering, den ich kennenlernte, schwamm in Tomatensoße in einer Dose.

„Heute essen die Leute lieber frischen Lachs", fährt Bob fort, „und den bekommen sie an jedem Fischstand. Oder sie kaufen tiefgekühlten Lachs."

„Aber Lachs in Dosen gibt es doch nach wie vor, nicht wahr?", hake ich nach.

„Das ist richtig. Aber da hat inzwischen Alaska die Nase vorn. Die Fabriken in Alaska arbeiten produktiver, haben geringere Arbeitskosten und können den Fisch deshalb billiger anbieten. Außerdem sind die Lachsbestände dort stabiler als an unserer Westküste hier."

Die beiden kleinen Jungen fangen an, lautstark zu streiten. Bob muss eingreifen, und wir unternehmen noch einmal einen Rundgang über die Plankenwege.

Nachdem die letzte Lachsdose das Produktionsband verlassen hatte, wurde das Gelände einige Jahre anderweitig genutzt. Dann aber begannen die Holzgebäude und Anlegestellen zu verfallen. Bis sich 1985 eine Gruppe von Historikern aus der Gegend zusammentat und einen Plan zur Rettung der alten Fischfabrik ausarbeitete. Es lohne sich, so dachten sie, die North Pacific Cannery als Museum zu erhalten, weil sie repräsentativ für einen Wirtschaftszweig war, der an der Küste lange Zeit das Leben der Menschen bestimmte. Die Fabriken boten viele Jobs, in der Nähe entstanden neue Ortschaften, und das wiederum veranlasste die Regierung von British Columbia, die Infrastruktur in Form von Straßen und Schienenwegen auszubauen.

Das nächste Stück Lachs, das auf meinem Teller liegt, ganz gleich, ob vom Fischhändler, aus der Tiefkühlpackung oder der Dose, werde ich mit viel Bedacht genießen. Oder ich esse gar keine Lachse mehr. Das wäre ihnen sicher lieber.

Salmon Burgers – Lachsburger

Zutaten für 4 Hamburger:

1 Dose Lachs (400 g)
1 großes Ei
115 g Paniermehl
1 Knoblauchzehe
1/2 Bio-Zitrone
2 El frischen Dill
1 El Dijonsenf
1 Tl Worcestersoße
1/2 Tl rote Pfefferflocken
Grobkörniges Salz
Pfeffer
2 El Olivenöl
4 Hamburgerbrötchen
2 El Mayonnaise
2 Tomaten
1 rote Zwiebel
Salatblätter

Zubereitung:

Lachs abtropfen lassen, Ei verquirlen, Knoblauch und Dill hacken. In einer großen Schüssel den Lachs mit Ei, Paniermehl, Knoblauch, Dill, abgeriebener Zitronenschale, Zitronensaft, Dijonsenf, Worcestersoße und Pfefferflocken vermischen. Mit Salz und Pfeffer würzen. Alle Zutaten gut verkneten und daraus 4 dicke Scheiben formen.

Öl in einer großen Pfanne erhitzen. Lachsscheiben braten, bis sie goldbraun sind, etwa 4 Minuten auf jeder Seite.

Zwiebel in feine Ringe schneiden, Tomaten in Scheiben schneiden. Hamburgerbrötchen aufschneiden und auf jeder Seite mit Mayonnaise bestreichen. Untere Brötchenhälften mit den gebratenen Lachsscheiben, Zwiebelringen, Tomatenscheiben und Salatblättern belegen. Obere Brötchenhälften darauflegen.

Die reichste Frau am Yukon – der Klondike-Goldrausch

Am Klondike River war Gold gefunden worden, viel Gold! Gerade eben hatte Belinda die Nachricht vernommen, und nun konnte sie sich kaum noch auf ihre Arbeit konzentrieren. Sie spürte ein Kribbeln im Bauch, wie immer, wenn ein neues Abenteuer bevorstand.

„Ja, Madam", sagte sie geistesabwesend, „vielen Dank, Madam", und fast hätte sie die Dollarscheine, die die Kundin ihr gab, in den Ausschnitt ihres Kleides gesteckt statt in die Ladenkasse.

Als sie wieder allein im Geschäft war, setzte sie sich hin und schickte ihre Gedanken auf Reisen. Sie schloss die Augen und sah Männer mit Hacken, Schaufeln und Goldpfannen vor sich, Männer, die nach einem Tag in den Goldfeldern dicke Nuggets in den Taschen trugen und an deren Stiefeln glitzernder Staub haftete.

Belinda gab sich einen kleinen Ruck und kehrte wieder in die Realität zurück, an ihren Platz hinter dem Ladentisch des kleinen Bekleidungsgeschäfts an der Main Street von Juneau, Alaska. Nicht, dass sie von einem reichen Mann geträumt hätte – es gab weit bessere Wege, an Reichtum zu gelangen. Sie verfolgte auch nicht die Absicht, selbst nach Gold zu schürfen. Nein, viel gewinnbringender war es doch, die Männer mit allem zu versorgen, was sie brauchten oder zu brauchen meinten. Die Goldgräber würden ihre Claims ausbeuten, und sie, die Geschäftsfrau, würde die Goldgräber ausbeuten – eine sichere Sache.

Weil sie viel von vorausschauender Planung hielt, nahm sie sich Zeit, genau zu überlegen. Was brauchte ein Goldsucher? Auf jeden Fall ein Zelt, Decken, robuste Kleidung, Stiefel, Kochgeschirr, Werkzeug, Utensilien zum Goldwaschen ... Doch das alles brachten die meisten von ihnen selbst mit, oder die anderen Händler, die sich bis dahin vor Ort eingefunden hatten, würden es ihnen verkaufen.

Belinda dachte noch ein Weilchen nach, dann erschien ein triumphierendes Blitzen in ihren Augen. Sie würde den Leuten etwas anbieten, das wohl kaum einer im Gepäck hatte: ein wenig Luxus! Dinge, die das raue Leben im Norden etwas angenehmer machten, zum Beispiel Seidenunterwäsche, Baumwollstoffe, aus denen sich Kleidung schneidern ließ, oder Wärmflaschen. Es traf sich gut, dass sie durch ihre Arbeit hier im Laden Zugang zu günstigen Bezugsquellen hatte.

Belinda Mulrooney wurde 1872 in Irland geboren. Das erste große Abenteuer erlebte sie im Alter von dreizehn Jahren, als die Familie den Atlantik überquerte, um sich im US-Bundesstaat Pennsylvania eine neue Existenz aufzubauen. Der Vater übernahm einen Job in einem Kohlebergwerk, und Belinda begann, als Kindermädchen zu arbeiten. Dabei legte sie Woche für Woche ein paar Cent zur Seite.

Im Jahr 1893 nahm sie ihre Ersparnisse und bestieg einen Zug nach Chicago, um auf der Weltausstellung dort einen Sandwich-Stand zu betreiben. Als die Ausstellung im Herbst ihre Tore schloss, hatte Belinda mit ihren Käse- und Schinkenbroten genug Geld für neue Geschäfte verdient. Sie zog weiter nach Westen und eröffnete in San Francisco eine Eisdiele. Hier allerdings hatte sie das Pech, dass ein Feuer ihren Laden vernichtete und ihr Wohnhaus noch dazu.

Wieder einmal war es Zeit für einen Aufbruch. Belinda heuerte als Stewardess bei der Pacific Coast Steamship Company an, deren Dampfer regelmäßig die Westküste entlang bis hinauf nach Alaska fuhren. Unterwegs besserte sie ihren mageren Lohn auf, indem sie den Passagieren Seife, Kämme, Socken und andere nützliche Dinge verkaufte. Als sie eines Tages von einzelnen Goldfunden in Alaska und am Yukon River erfuhr, entschloss sie sich, in Juneau von Bord zu gehen, einen Job anzunehmen und zu sehen, wie sich die Lage entwickelte. Sie musste nicht lange warten ...

Das ganz große Ding

Am Nachmittag des 16. August 1896 erreichte eine kleine Gruppe von vier Leuten den Rabbit Creek, einen der Zuflüsse des Klondike. Es waren der amerikanische Goldsucher George Carmack, seine Frau Kate vom Stamm der Tagish, deren Bruder Skookum Jim und der Neffe der beiden, Dawson Charlie. Sie folgten einem vielversprechenden Hinweis: Am Rabbit Creek habe jemand Gold gesehen! Die vier hatten bereits einen langen Weg hinter sich. Sie stiegen von den Pferden und setzten sich an das Ufer des flachen, träge dahinfließenden Gewässers, um sich auszuruhen.

Plötzlich zeigte Skookum Jim auf die Flusskiesel, die sich unter dem klaren Wasser abzeichneten. „Seht mal“, rief er, „da liegt etwas Glänzendes!“ Schon krempelte er die Hosenbeine hoch, watete in den Bach und wühlte mit den Händen zwischen den Steinen. Gleich darauf kam er mit einem Goldklumpen in der Hand zurück. Carmack stieß einen Ruf der Überraschung aus. Seine Augen begannen zu glänzen wie das

Gold in Jims Hand. „Leute“, sagte er atemlos, „das hier, das könnte ein ganz großes Ding werden!“

Nachdem sie den Bach weiter untersucht hatten, wurde ihre Vermutung zur Gewissheit: Im Rabbit Creek lagerten enorme Mengen an Gold. Carmack als erfahrener Goldsucher begann sogleich, entlang des Bachs vier Claims abzustecken. Die Gruppe einigte sich, dass er als der offizielle Entdecker auftreten und die Claims anmelden sollte, weil die Behörden einen Anspruch von Seiten der First Nations möglicherweise nicht anerkannten. Die Größe eines Standardclaims betrug 500 mal 1.000 Fuß, etwa 150 mal 300 Meter.

Am nächsten Tag ritt Carmack zum nächstgelegenen Polizeiposten, der sich an der Mündung des Fortymile River in den Yukon befand, und ließ die Claims registrieren. Von dort verbreitete sich die Neuigkeit wie ein Lauffeuer im Tal des Yukon und seiner Zuflüsse. Als würde sie vom Wind getragen, sprang die Nachricht von einem Goldgräbercamp zum nächsten.

Alle Goldsucher der Gegend strömten nun an den Rabbit Creek, begierig, sich einen Claim zu sichern. Dem kleinen Bach gaben sie einen neuen Namen: Bonanza Creek. Das Wort „bonanza“ kommt aus dem Spanischen und bedeutet „ergiebige Goldgrube“. Als ergiebig erwies sich nicht nur das kleine Gewässer, sondern die ganze Gegend. Jeden Tag entdeckte jemand eine neue vielversprechende Fundstätte.

Währenddessen wurde es Winter. Am Klondike River grassierte das Goldfieber, doch die Welt bekam davon nichts mit. Die zugefrorenen Flüsse und tief verschneiten Bergpässe machten es so gut wie unmöglich, die einsame, abgelegene Region zu verlassen, und so konnten auch keine Nachrichten an die Außenwelt dringen.

Der Ansturm der Goldgräber

Als im darauffolgenden Frühjahr das Eis der Flüsse auftaute, tuckerten die ersten Dampfer den Yukon stromabwärts, zurück in die Zivilisation. Am 17. Juli 1897 prangte auf der Titelseite des Seattle Post Intelligencer eine fette Schlagzeile: „Gold! Gold! Gold! Gold! Achtundsechzig reiche Männer auf dem Dampfschiff *Portland* ..." Im Hafen von Seattle kam es zu einem Menschenauflauf. Jeder wollte mit eigenen Augen das Gold sehen, das die erfolgreichen Goldgräber mit sich führten. Zwei Tage zuvor, so berichtete die Presse, hatte in San Francisco der Dampfer *Excelsior* festgemacht, ebenfalls mit einer goldglänzenden Ladung aus den Goldfeldern am Klondike.

Diese Nachrichten gaben das Startsignal für den Klondike Gold Rush, einen der größten Goldräusche in der Geschichte Nordamerikas. Rund 100.000 Goldsucher, Glücksritter und Abenteurer aus den USA, Kanada und Europa warfen ihre Jobs hin und schlossen sich der Stampede an, der wilden Jagd in Richtung Klondike River.

Nur wenige konnten sich ein Ticket für die „Route des reichen Mannes" leisten, die Schiffspassage über Alaska und von dort über den Yukon River bis nach Dawson City. Die Stadt liegt an der Mündung des Klondike in den Yukon und verdankt ihre Entstehung dem Ansturm der Goldgräber.

Das weniger vermögende Fußvolk startete in den meisten Fällen von Seattle aus, wo man sich zunächst mit Ausrüstung und Proviant eindeckte. An Bord von völlig überladenen Frachtern und Passagierschiffen fuhren die Männer und wenigen Frauen nach Skagway im Süden von Alaska. Niemand war mit leichtem Gepäck unterwegs, denn die kanadische Regierung hatte verfügt, dass jeder Goldsucher einen Jahresvorrat an Proviant mitbringen musste.

An der Boundary Range, dem Grenzgebirge zwischen Alaska und British Columbia, wartete eine Strapaze auf die Reisenden, die so manchen zum Aufgeben zwang. Mit ihren Packpferden quälten sie sich über den Chilkoot Pass oder den White Pass, beide gleichermaßen steil und unwegsam. Wenn es regnete, verwandelte sich jeder Trampelpfad in eine Schlammrutschbahn. Hatte man es tatsächlich auf die andere Seite zum Lake Bennett geschafft, musste man eigenhändig Boote bauen, um von dort über den Yukon River nach Dawson City paddeln zu können, eine 800 Kilometer lange Strecke, die jede Menge bösartiger Stromschnellen bereithielt.

Eine solche Reise dauerte monatelang. Auf jedem Meter Weg drohten Pannen und Unglücksfälle, und so war es kein Wunder, dass letztlich nur 40.000 Menschen bei den Goldfeldern ankamen. Und nur 4.000 von ihnen fanden tatsächlich Gold.

Aber man konnte ja auch auf andere Weise reich werden, so, wie Belinda Mulrooney es plante.

Ein untrügliches Gespür fürs Geschäft

Die Leute in Juneau verfügten über einen Informationsvorsprung, da sie schon im Herbst 1896 von den Goldfunden erfahren hatten. Als Schnee und Eis das Land wieder freigaben, machten sich erste Gruppen von Goldsuchern auf den Weg, unter ihnen auch Belinda. Sie überstand die Höllentour unbeschadet und erreichte das Zeltlager von Dawson City im Juni 1897. Feste Häuser gab es noch nicht, doch das sollte sich bald ändern.

Belinda, inzwischen 25 Jahre alt, hatte ihre gesamten Ersparnisse für Ausrüstung, Lebensmittelvorräte und Transport ausgegeben, außerdem für die Waren, die sie verkaufen wollte. Und nun war sie pleite. In Dawson City warf sie ihre letzte Münze in den Yukon und sagte fröhlich: „Ich fange ganz neu an!"

Als Erstes machte sie die Seidenunterwäsche, die Baumwollstoffe und Wärmflaschen zu Geld. Obwohl sie den sechsfachen Preis von dem verlangte, was die Waren im Einkauf gekostet hatten, wurden ihr die Sachen aus der Hand gerissen. Mit dem Gewinn eröffnete Belinda ein Restaurant. Außer den Mahlzeiten waren auch die Preise gesalzen, doch die Gäste zahlten willig, und die Wirtin verfügte wieder über frisches Kapital für neue Projekte.

Die Goldfelder lagen 10 bis 20 Kilometer entfernt von Dawson City, Scharen von Männern arbeiteten dort. Wäre es nicht eine gute Idee, so überlegte Belinda, diesen Leuten ihre Mahlzeiten direkt vor Ort anzubieten und ein wenig Behaglichkeit dazu? Sie dachte an die Stelle, wo der Eldorado Creek – ebenfalls ein Bach mit sagenhaften Mengen an Gold – in den Bonanza Creek mündete. Das war zurzeit der Hotspot des Goldrauschs. Und hier, im Dreieck zwischen den beiden Bächen, wollte sie ein Gasthaus bauen.

Das Grand Forks Hotel und Restaurant, ein solides Holzgebäude mit zwei Stockwerken, wurde sofort zum Treffpunkt der Goldgräber-Community. Indem sie ihr Personal sehr gründlich den Fußboden fegen ließ, konnte Belinda zusätzlich an dem Goldstaub verdienen, der aus den Taschen der Gäste rieselte oder von deren Kleidung abfiel. Ebenso profitierte sie von den Informationen, die sie mitbekam, wenn die Goldsucher zusammensaßen und über ihre Grabungen redeten. Ende des Jahres besaß sie fünf gewinnbringende Claims.

Es dauerte nicht lange, und sie verkaufte das Grand Forks Hotel zu einem guten Preis, um in Dawson City ein Luxushotel mit dreißig Zimmern zu errichten. Kronleuchter, Tafelsilber, edles Porzellan, Leinentischdecken, Bettgestelle aus Messing – nur das Beste war gut genug. Zwar mussten all diese Dinge von weit her herangekarrt werden, entweder über den Yukon oder über den Chilkoot Pass, was ein Vermögen kostete, doch die Geschäftsfrau wusste, was sie tat. Das neue Fair View Hotel wurde am 27. Juli 1898 mit großem Pomp eröffnet.

Dann trat ein Mann in Belindas Leben. Er hieß Charles Eugene Carbonneau, kam aus der Provinz Québec und war ein französischer Graf – sagte er zumindest. Böse Zungen behaupteten allerdings, er sei nur ein Friseur aus Montréal. Graf Carbonneau reiste als Handelsvertreter für Champagner durch den Norden. Er und Belinda fühlten sich sofort zueinander hingezogen, und am 1. Oktober 1900 feierten sie in Dawson City ihre Hochzeit.

Herr Graf und Frau Gräfin pflegten die Wintermonate in Paris zu verbringen, doch im Sommer kehrten sie immer an den Yukon zurück. Bis Belinda eines Tages allein in Dawson City erschien. Später wurde bekannt, dass der nun erwiesenermaßen falsche Graf in Paris wegen Unterschlagung und Betrug unter Anklage stand. Belinda reichte schließlich die Scheidung ein.

Unterdessen war der Goldrausch am Klondike zu Ende gegangen. Flussufer, Bachbetten und Minen hatten alles an Gold hergegeben, was sich mit einfachen Mitteln herausholen ließ. Als sich Ende des Jahres 1898 herumsprach, in Nome, Alaska, hätten drei Männer faustgroße Nuggets gefunden, setzte sich die Meute der Goldsucher im darauffolgenden Frühjahr fluchtartig in Bewegung, um dem Lockruf des Goldes zu folgen. Auf dem Höhepunkt des Fiebers im Sommer zuvor hatte Dawson City 40.000 Einwohner gehabt. Gerade mal ein Jahr später zählte man nur noch 8.000 Einwohner.

Aus der gesetzlosen Boomtown war in der Zwischenzeit eine respektable Kleinstadt geworden, und Belinda fing an, sich zu langweilen. Zwar hatte ihre Intuition bei der Wahl des Ehemanns geschwächelt, doch ihr Geschäftssinn funktionierte nach wie vor einwandfrei. Sie zog nach Fairbanks, Alaska, und gründete dort die Dome City Bank, eine Unternehmung, die ihr erneut ein großes Vermögen einbrachte.

Mit diesem Geld baute sie sich später bei Yakima im US-Bundesstaat Washington ein kleines Schloss. Auch wenn sie keine Gräfin mehr war, nicht einmal eine falsche, so wollte sie doch ein Leben mit Stil führen. Als ihre finanziellen Mittel zur Neige gingen, vermietete sie das Schloss und ließ sich in Seattle nieder, wo sie 1967 im Alter von 95 Jahren starb.

Belinda Mulrooney wurde als die reichste Frau am Yukon bekannt. Theoretisch hätte sie damals einen Goldgräber treffen können, der es eines Tages zu weitaus größerem Ruhm brachte. Doch da sich sein Leben in einer anderen Dimension abspielte, sind sie einander nie begegnet. Als armer Mann kam er an den Klondike, fand viel Gold und begründete damit seinen sagenhaften Reichtum. Comic-Leser kennen ihn mit schwarzem Zylinder, blauen Gamaschen und gelbem Schnabel: Dagobert Duck, die superreiche und supergeizige Ente aus Entenhausen.

Sourdough Waffles – Sauerteigwaffeln

Zutaten für den Sauerteig:

400 g Weizenmehl Typ 1050
400 ml warmes Wasser

Zutaten für die Waffeln:

500 g Sauerteig
1 El Zucker
3 Eier
100 g neutrales Öl
5 g Backpulver
5 g Salz

Zubereitung:

Sauerteig: 100 g Mehl mit 100 ml lauwarmem Wasser in einer mittelgroßen Schüssel mischen, mit einem Teller abdecken und bei 25 Grad stehen lassen. Am nächsten Tag noch einmal 100 g Mehl und 100 ml warmes Wasser hinzufügen und unterrühren. Am 3. und 4. Tag ebenso verfahren. Am 5. Tag ist der Sauerteig fertig.

Waffeln: Waffeleisen vorheizen. Zucker, Eier, Öl und Salz verrühren, mit dem Sauerteig vermischen, am Schluss das Backpulver verrühren. Sofort im heißen Waffeleisen backen, bis die Waffeln goldbraun und knusprig sind. Mit Puderzucker, Ahornsirup oder Blaubeermarmelade servieren.

Den restlichen Sauerteig kann man in ein Schraubglas geben und bis zum nächsten Backen im Kühlschrank aufbewahren. Ab und zu auffrischen.

Am Yukon war die Kost karg und einfach. Deshalb konnte ein Goldgräber sich glücklich schätzen, wenn er über einen Sauerteigansatz und einen Sack Mehl verfügte.

Der Bär ist los – Begegnungen in den Bergen

„Und – habt ihr Bären gesehen?“ So lautet oft die erste Frage, wenn wir von unseren Reisen durch Kanada erzählen, und dann schaut man uns voller Erwartung, gleichzeitig jedoch mit einer gewissen Bangigkeit im Blick an.

Kanada und Bären, das gehört für die meisten Menschen zusammen. Und jeder, der in diesem Land unterwegs ist, will diese pelzigen Kerle sehen – doch niemand möchte ihnen im Wald begegnen. Es sind schließlich gefährliche Tiere!

Es war ein kühler, regnerischer Tag Anfang Juli. Wir kamen vom Peyto Lake, einem leuchtend türkisfarbenen Bergsee im Banff National Park in den Rocky Mountains. Die Feuchtigkeit hatte die Berghänge in feine, durchsichtige Nebelschleier gehüllt. Als wir die Nationalparkstraße entlang in Richtung Lake Louise fuhren, war es bereits später Nachmittag. Auf einmal sahen wir hundert Meter vor uns am Straßenrand ein einzelnes Auto parken. Außerhalb der Parkplätze ist es nicht erlaubt, einfach an der Straße stehenzubleiben, aber ich kommandierte sofort: „Schnell, fahr rechts ran!“

Ein Auto am Straßenrand bedeutet hier nicht unbedingt eine Panne oder sonstige Notsituation, nein, es heißt, dass ein Tier gesichtet wurde! Verbote hin oder her, was macht man als Tourist? Man hält natürlich sofort an, weil man sonst etwas Spannendes verpassen würde. Das kann bisweilen dazu führen, dass sich ganze Schlangen von Autos bilden, die Fahrer und Mitreisenden sind ausgestiegen, und alle richten ihre Kameras und Ferngläser auf eine Bergflanke – doch so angestrengt man auch schaut, das Tier, sagen wir, die Schneeziege, hat sich längst verzogen. Und vielleicht hatte der Erste, der dort stehengeblieben war, sich auch einfach geirrt und einen weißgrauen Felsblock irgendwo da oben für eine Ziege gehalten.

Aber dies hier war keine optische Täuschung. Im Gras vor einem dichten Gestrüpp grüner Büsche, kaum zehn Meter von der Straße entfernt, stand ein Grizzlybär und untersuchte das Grünzeug nach Essbarem. Er erschien mir nicht besonders groß, vielleicht war er noch jung und gerade erst der mütterlichen Betreuung entwachsen. Sein braunes Fell wies am Rücken einen leicht blonden Schimmer auf, und auch am Kopf, vor allem an der Schnauze und am Rand der kleinen runden Ohren war es deutlich heller.

Ich kam kurz in Versuchung, auszusteigen, aber das wäre äußerst leichtsinnig gewesen. Mit seinem dichten Fell sah der Bär zwar so flauschig aus wie ein Teddy, doch die Freundlichkeit eines Kuscheltiers für Kinder legte er garantiert nicht an den Tag. Stattdessen hatte die Wildnis ihn stark und wachsam werden lassen, und er würde sich zu wehren wissen, wenn er sich angegriffen fühlte.

Ein Biss mit seinen kräftigen Zähnen, ein Hieb mit seiner Tatze, aus der fünf lange spitze Krallen hervorschauen – damit kann der Grizzly einen Menschen schwer verletzen oder gar töten. Und obwohl er sonst so gemächlich durch den Wald tappt, ist er in der Lage, sich sehr schnell zu bewegen. Es heißt, dass er ein Tempo von bis zu 60 Kilometern pro Stunde erreicht. Kein Wunder, dass die Nationalparkbesucher gerade dem Grizzly großen Respekt entgegenbringen.

Wir blieben also im Auto sitzen, aber ich ließ die Seitenscheibe ein Stück herunter und zoomte den Bären mit meiner Kamera heran. Auf einmal hob er den Kopf, blickte in meine Richtung und schaute mich mit klugen Augen ruhig an. Schade, mein Lieber, dass wir keine Freunde werden können!

Hinter uns hatten noch mehrere andere Autos angehalten. Der Grizzly nahm es gelassen hin, begafft und fotografiert zu werden, dann wurde es ihm anscheinend zu langweilig, und er trollte sich zurück in die Büsche.

Wir beschlossen, unserem ersten kanadischen Bären einen Namen zu geben. Auch wenn es ihm selbst herzlich egal war, doch für uns würde er ab sofort Walter heißen.

Schlaraffenland für Bären

Rund 20.000 Grizzlybären, so wird geschätzt, leben in British Columbia, in den Bergregionen im Westen Albertas, im Yukon Territory und den Northwest Territories. In den östlichen Provinzen Kanadas sind sie nicht verbreitet. Der Schwarzbär dagegen kommt wesentlich häufiger vor, rund 500.000 der pelzigen Tiere wandern in den Waldgebieten zwischen Pazifik und Atlantik umher, außer auf Prince Edward Island, der kleinsten Provinz des Landes.

Bären sind Allesfresser, und auch wenn sie die meiste Zeit Pflanzenkost zu sich nehmen, so wissen sie eine Fleischbeilage dennoch zu schätzen, etwa in Form von Insekten, kleinen Nagetieren, Fisch, Aas oder einem jungen Hirschkalb. Sie besitzen einen sehr feinen Geruchssinn und werden unwiderstehlich von allem angelockt, was nach Essen riecht. In Menschennähe können das Picknickkörbe, Kühlboxen oder Mülleimer sein, leere Getränkedosen oder Verpackungen, die jemand achtlos weggeworfen hat, und sogar Kosmetikartikel.

Aus Sicht des Bären ist eine Mülltonne das reinste Schlaraffenland, enthält sie doch so viele leckere Sachen. Leichter kann man kaum an Futter kommen! Also kippt er die Tonne um und macht sich über die Essensreste her. Eine Mülltonne mit gut schließendem Deckel? Kein ernsthaftes Hindernis für einen Bären, da probiert man mit den Krallen hier und da, und schon geht das Ding auf.

Mitte der achtziger Jahre wandte sich Parks Canada an das Entsorgungsunternehmen Haul-All Equipment in Lethbridge, Alberta. Die Nationalparkorganisation hatte ein spezielles Anliegen. „Wir brauchen Mülltonnen, die absolut bärensicher sind!" Das Unternehmen nahm die Herausforderung an und entwickelte äußerst robuste Müllkästen aus Stahl, die jeden Bären enttäuscht von dannen ziehen lassen. Heute benutzt man die Behälter in allen National- und Provinzparks. Sie stehen sicher, sind nur von Hand, nicht aber per Tatze zu öffnen und sehen sogar noch recht passabel aus. Als Produkttester der Firma dient eine vierbeinige Crew im Grizzly & Wolf Discovery Center in Montana, USA.

Die Nationalparkverwaltungen warnen die Besucher eindringlich davor, Bären zu füttern. Die Tiere würden mit der Zeit ihre Scheu vor Menschen verlieren und anfangen, sich ihnen zu nähern, da sie ja gelernt hätten, dass dort, wo Menschen sich aufhalten, das Futter nicht weit sein kann. Sie sind aber nun einmal wilde Tiere und können völlig unberechenbar reagieren, aggressiv und gefährlich werden.

Im Besucherzentrum des Parks in Lake Louise unterhielten wir uns mit einem Ranger, einem schon etwas älteren Mann mit grauem Pferdeschwanz und fröhlichen blauen Augen.

„Wie verhalte ich mich, wenn ich beim Wandern einem Bären begegne?", fragte ich ihn.

„Das können Sie verhindern, indem Sie in Gruppen wandern“, erwiderte der Ranger und schob seinen Hut in den Nacken. „Dann wird der Bär Sie rechtzeitig bemerken und den Rückzug antreten. Ob in der Gruppe oder nur zu zweit, machen Sie immer wieder Lärm, unterhalten Sie sich laut, singen Sie, klatschen Sie in die Hände und rufen Sie ab und zu ‚hallo‘ oder was Ihnen sonst einfällt.“

„Aber Sie sind doch sicher auch manchmal allein im Wald unterwegs“, sagte ich und musste ein wenig grinsen, weil mir in diesem Moment Rotkäppchen in den Sinn kam. Was würde Rotkäppchen tun, wenn auf einmal der böse Bär auftauchte?

„Wenn ich allein wandere, rezitiere ich oft Shakespeare, und offenbar machen die Bären sich nichts aus englischer Literatur und halten sich deshalb fern.“ Der Ranger lachte, und auf seinem braungebrannten Gesicht erschienen zahllose Lachfältchen. Dann wurde seine Miene wieder ernst. „Vermeiden Sie die Zeiten der Dämmerung und wandern Sie tagsüber. Und bleiben Sie unbedingt auf den gekennzeichneten Wanderwegen! Jetzt in der Hochsaison sind dort viele Menschen unterwegs, und dadurch ist das Risiko geringer.“

„Und wenn doch plötzlich mal ein Bär aus dem Gebüsch kommt?“, hakte ich nach.

„In dem Fall sollten sie sofort stehen bleiben. Wegrennen wäre völlig verkehrt. Sprechen Sie mit dem Bären in einem ruhigen Tonfall und entfernen Sie sich dabei langsam. So weiß er, dass Sie keine Beute für ihn sind, aber auch keine Bedrohung.“

Schließlich gab er uns noch eine Ermahnung mit auf den Weg: „Wenn Sie am Straßenrand wilde Tiere sehen, fahren Sie bitte langsam vorbei und halten Sie nicht an. Das würde die Tiere nur stören.“

„Ja, ja, klar“, beeilten wir uns zu versichern.

Und dann kam Herbert

Unsere Reise führte von den Rocky Mountains nach Westen in die Selkirk Mountains. Verspielte weiße Wölkchen trieben langsam am hellblauen Morgenhimmel dahin und warfen Schatten auf die kleine Stadt Revelstoke und die grüne Berglandschaft der Umgebung. Wir bogen vom Trans-Canada Highway auf den Meadows in the Sky Parkway ab, es ging stetig bergauf. Der poetische Name der Straße – Wiesen im Himmel – deutete bereits auf das Ziel hin, die Blumenwiesen am Mount Revelstoke.

Höher und höher schraubte sich die Straße, mitten durch den Wald mit seinen Tannen, Fichten und Zedern – und auf einmal ging es nicht mehr weiter. Der Parkway war gesperrt, und ein Schild informierte darüber, dass in 1,5 Kilometern der Schnee begann.

„Schnee im Juli, hier?", fragten wir uns ungläubig, als wir im Sonnenschein vor der Absperrung standen und die frühsommerliche Wärme auf der Haut spürten.

Es gab an dieser Stelle einen Wendeplatz, und wir parkten das Auto am Straßenrand, auch hier wieder verbotswidrig, denn ein weiteres Schild mahnte: „No Parking". Doch der Schnee lockte, und wir wanderten in den Wald hinein, bis wir die weiße Pracht tatsächlich zwischen den Bäumen schimmern sahen. Eine kindliche Freude stieg in mir auf. Mit beiden Händen griff ich in die kalte, nasse Masse, formte Bälle und warf sie übermütig in die Luft.

Die Wiesen mit ihren bunten Wildblumen würden wir heute nicht erreichen, und vermutlich schliefen sie alle ohnehin noch unter einer dicken Schneedecke. Wir kehrten um und fuhren wieder Richtung Tal. Plötzlich nahmen wir zwischen den Büschen vor uns an der Seite eine Bewegung wahr, einen schwarzen Schatten. Im nächsten Moment trat ein Schwarzbär aus dem grünen Dickicht und begann, mit der Nase die Blätter und Halme der Pflanzen, die am Rand der Straße wuchsen, zu untersuchen.

Ganz langsam pirschten wir uns mit dem Auto näher heran, froh darüber, dass wir hinter sicheren Autotüren saßen. Was hätten wir getan, wenn wir ihm weiter oben im Wald begegnet wären? An Shakespeare-Verse und andere Vorsichtsmaßnahmen hatten wir bei unserer kurzen Wanderung zur Schneegrenze überhaupt nicht gedacht.

Es war ein ausgewachsener, stattlicher Bär. Sein glänzend schwarzer Pelz mit den dichten langen Fellhaaren würde ihn selbst im tiefsten Winter gut warmhalten. Nur um die Schnauze wuchsen kurze helle Haare. Dass die Bezeichnung Schwarzbär irreführend ist, erfuhr ich erst später: Das Fell der Tiere muss nicht immer schwarz sein, es kann auch alle möglichen Schattierungen zwischen hell- und dunkelbraun aufweisen.

„Er sieht aus, als würde er Herbert heißen", sagte ich leise, während ich unentwegt auf den Auslöser meiner Kamera drückte.

Und so bekam auch unser zweiter kanadischer Bär einen Namen.

Herbert kümmerte sich nicht weiter um uns. Er schaute nur kurz auf, dann fuhr er fort, den Grasstreifen nach Kleingetier und frischem jungen Grün abzusuchen. Erst als ein zweites Auto hinter uns hielt, wurden ihm die Zuschauer anscheinend lästig. Er setzte sich in Trab, lief quer über die Straße und verschwand im Wald.

Ich dachte an unser Gespräch mit dem Ranger und bekam ein schlechtes Gewissen. Der arme Herbert! Wir hatten ihn bei der Futtersuche gestört, die doch so wichtig für ihn war. Bären müssen sich im Sommer und Herbst ordentliche Fettreserven anfressen, um die Winterruhe und die damit verbundene Fastenzeit zu überstehen.

Lieber Herbert, dachte ich im Stillen, bitte hab Verständnis. Wir sind aus dem fernen Europa angereist, haben mit dem Flieger einen Ozean und einen Kontinent überquert – da konnten wir uns diese Gelegenheit doch nicht entgehen lassen!

Ob Schneeziege, Weißwedelhirsch oder Erdhörnchen, wir freuten uns über jede Tierbegegnung. Doch einen Bären in freier Wildbahn zu beobachten, und sei es auch nur für wenige Minuten, das stellte für uns das absolute Highlight dar.

Zu Bären haben wir Menschen offenbar eine besondere Beziehung. Wir bewundern ihre Kraft und Stärke, und nicht umsonst sagen wir, wenn jemand als besonders stark gilt, dass er über Bärenkräfte verfügt. Auch in der Mythologie der indianischen Kulturen Nordamerikas nimmt der Bär einen der wichtigsten Plätze ein. Er symbolisiert Kraft und Weisheit, und viele Geschichten ranken sich um ihn.

Doch dort, wo Mensch und Tier im selben Revier leben, und dazu gehören in Kanada viele Regionen, ist das Verhältnis keineswegs harmonisch. Immer wieder kommt es zu Zwischenfällen. Ein „Problembär", der sich zu häufig Campingplätzen oder Siedlungen nähert, wird wenn möglich eingefangen und in eine menschenleere Gegend gebracht. Manchmal aber besteht die einzige Lösung darin, ihn zu erschießen. Anders als der Schwarzbär steht der Grizzlybär auf der Liste der bedrohten Arten. In British Columbia wurde deshalb ein Jagdverbot ausgesprochen, und nur die Ureinwohner dürfen den Grizzly noch jagen.

Ja, können wir unseren Freunden antworten, wir haben Bären gesehen: Walter und Herbert! Und diese Begegnungen gehören zu den eindrucksvollsten Erlebnissen all unserer Kanadareisen.

Puffed Wheat Squares – süße Stückchen aus gepufftem Weizen

Zutaten für 20 Stück:

120 g gepuffter Weizen, ungesüßt
55 g Butter
200 g brauner Zucker
75 g Honig
40 g Kakaopulver, ungesüßt
2 El gesalzene Erdnüsse

Zubereitung:

Gepufften Weizen und die gesalzenen Erdnüsse in einer großen Schüssel mischen. Butter, braunen Zucker, Honig und Kakao in einen kleinen Topf geben und bei mittlerer Hitze verrühren, bis die Masse glatt und flüssig geworden ist. Über den gepufften Weizen und die Nüsse gießen. Alles schnell miteinander vermengen und in eine gefettete rechteckige Backform (ca. 23 x 33 cm) geben. Abkühlen lassen, bis die Masse fest ist. In 20 Quadrate schneiden.

Die Puffed Wheat Squares sollen in Red Deer, Alberta, erfunden worden sein. Während des Ersten Weltkriegs zweigte die Regierung einen großen Teil der kanadischen Weizenernte für die Truppen in Europa ab, und so wurde bei den Kanadiern zu Hause der Weizen knapp. „Machen wir eben aus wenig viel“, sagte sich Alfred James Russell, der Besitzer eines Süßwarenladens in Red Deer, und erfand die süßen Stückchen aus gepufftem Weizen. Da die Puffed Wheat Squares einfach und günstig herzustellen sind, fand das Rezept bald Eingang in jeden Haushalt.

Das Werk der Schneeflocken – der Athabasca-Gletscher

Es mag vor 150 Jahren gewesen sein oder vor 200, so genau kann man es nicht sagen. In den kanadischen Rocky Mountains tobte ein Schneesturm, der gar nicht mehr aufhören wollte. Das Grau des Tages ging in das Dunkel der Nacht über, und die Decke aus frischen Flocken, die sich wie in jedem Winter auf das Columbia Icefield legte, wurde dicker und dicker.

Mitten im brausenden Sturm taumelte eine von unzähligen Schneeflocken zu Boden, hin und her geweht von heftigen Windböen, doch stetig fallend. Der Winter war noch jung, er brachte kalte, aber nicht eisige Temperaturen. Die Flocke bestand aus einer kleinen Schar sternförmiger Schneekristalle, ein jedes mit einem unverwechselbaren Charakter, wie die Mitglieder einer Familie, und alle hielten sich aneinander fest.

Lag die Kristallfamilie nach ihrer Landung noch ganz frei auf der Oberfläche des Eisfeldes, so geriet sie im Laufe der Nacht unter eine immer höher wachsende Schicht aus Schnee. Als am nächsten Tag der Morgen dämmerte, kühl und klar, war sie schon lange im Inneren der Schneedecke verschwunden.

Ihr Landeplatz, das Columbia Icefield, befindet sich auf einem hügeligen Hochplateau im südlichen Teil der kanadischen Rocky Mountains, umringt von majestätischen Bergen. Der höchste von ihnen ist mit 3.747 Metern der Mount Columbia, und seine himmelsstürmenden Kollegen sind Riesen mit kaum geringeren Maßen. Das Eisfeld in ihrer Mitte weist eine Größe von 325 Quadratkilometern auf – damit könnte man es auf das Stadtgebiet von ganz München legen und würde die Stadtgrenzen noch überdecken. Seine Stärke variiert zwischen 100 und 365 Metern.

Die ersten Europäer, die diese gigantischen Eismassen entdeckten, waren der britische Forscher und Bergsteiger J. Norman Collie und sein Freund Herman Wooley. Am 18. August 1898 erklommen die beiden die Ostseite des Mount Athabasca, und als sie auf dem Gipfel ankamen, schauten sie sprachlos vor Staunen auf eine riesige weiße Eisfläche, die sich gen Westen erstreckte, glitzernd und schimmernd im goldenen Licht des Abends. Eine neue Welt, die vielleicht noch nie von einem menschlichen Auge erblickt worden war.

Alle Wege führen zum Meer

Durch das Columbia Icefield verläuft die große kontinentale Wasserscheide Nordamerikas, die an dieser Stelle auch die Grenze zwischen den Provinzen British Columbia und Alberta bildet. Das Eisfeld sitzt auf der Wasserscheide wie ein dicker weißer Klecks, an dessen Rändern lange Tropfen herunterfließen: die talwärts strebenden Gletscher.

Was bedeutet diese besondere geografische Lage? Die Flüsse, die ihren Ursprung im Schmelzwasser der Gletscher nehmen, fließen in ganz unterschiedliche Himmelsrichtungen: nach Süden und Westen in den Pazifik, nach Osten in den Atlantik und nach Norden ins Nordpolarmeer.

Der Columbia River zum Beispiel, einer der wasserreichsten Flüsse Nordamerikas, bewegt sich von hier in vielen Windungen nach Südwesten, bis er im Grenzgebiet zwischen den US-Bundesstaaten Washington und Oregon in den Pazifik mündet.

Ein ebenfalls langer Fluss, der Saskatchewan River, geht aus dem Saskatchewan-Gletscher im Südosten des Eisfeldes hervor. Er durchwandert die Prärieprovinzen Alberta, Saskatchewan und Manitoba, um sich dann als Nelson River mit der Hudson Bay im Nordosten zu vereinigen, und diese Bucht wiederum ist über die Hudson Strait mit dem Atlantik verbunden.

Eine schöne Markierung der kontinentalen Wasserscheide sahen wir später auf unserer Reise am Vermilion Pass. Dort ist auf 1.640 Metern Höhe ein Grenzstein angebracht, die Provinzflaggen und das rote Ahornblatt wehen im Wind, und große Holztafeln erklären, was es mit der „Continental Divide" auf sich hat. Als ich die Tafeln las, stand ich mit dem linken Bein in Alberta, mit dem rechten in British Columbia. Wenn es jetzt regnete, würde das Wasser links von mir Richtung Atlantik fließen und rechts zum Pazifik hin.

An Nachschub für die Flüsse mangelt es nicht, denn in den Höhenlagen der Rocky Mountains sind die Winter lang. So können auf dem Columbia Icefield im Laufe der kalten Jahreszeit bis zu zehn Meter frischer Schnee niedergehen. Der größte Teil davon schmilzt in der Sommersonne, doch die Luft ist so kalt, dass Ende August noch einige Zentimeter der neuen Schneedecke übrig sind. Die jeweils oberste Schneeschicht übt Druck auf die älteren Schichten aus, und dabei wird der Altschnee, auch Firnschnee genannt, immer weiter zusammengepresst und im Laufe der Zeit zu Eis verdichtet.

Unter dem Druck seiner eigenen Eismassen hat das Columbia Icefield schon vor Urzeiten begonnen, an den Rändern Gletscher zu bilden, die einen Teil des Eises abtransportieren. Wenn man auf einem Gletscher steht, hat man den Eindruck, festen Boden unter den Füßen zu haben. Da erscheint es kaum vorstellbar, ist aber wahr: Das Gletschereis bewegt sich und fließt ähnlich wie ein Fluss bergabwärts – allerdings in einem äußerst gemächlichen Tempo. Es legt im Jahr gerade einmal 15 bis 125 Meter zurück. Dagegen ist eine Schnecke ein echtes Sprinttalent.

Und welchen Weg hat unsere Schneeflocke genommen, die vor so vielen Jahren aus den grauen Wolken kam? Weich und flockig blieb sie nicht lange, da sich Schicht um Schicht neuer Schnee auf sie legte, bis auch sie sich in Eis verwandelte.

Nun hatte der Wind sie zufällig im Osten des Columbia Icefield zu Boden geweht, und so geriet sie in die Reichweite des Athabasca-Gletschers, der seine lange Zunge nach Nordosten streckt. Die Eismassen schoben und drückten sie zum Gletscher hin, und ganz langsam, Zentimeter für Zentimeter, rutschte sie den langen Hang hinunter, eine Strecke von etwa sechs Kilometern. Und als sie am Ende der Gletscherzunge ankam, 820 Meter tiefer, da waren seit jener Sturmnacht 150 bis 200 Jahre vergangen. Vielleicht ist sie ja inzwischen, eingeschlossen in ein Stück Eis, in einen der Gletscherbäche gefallen und hat eine neue Reise angetreten, diesmal als durchsichtiger Wassertropfen.

Der Tropfen gelangt in den Sunwapta Lake am Fuße des Gletschers und von dort in den Sunwapta River. Der wiederum mündet schon bald in den Athabasca River, der seine Existenz ebenfalls dem Columbia Icefield verdankt. Und wenn der Tropfen nicht verdunstet ist, weder getrunken noch anderweitig verbraucht wurde, bringen ihn der Athabasca und die nachfolgenden Flüsse bis zum Nordpolarmeer.

Mit viel Schaum und Sprühnebel

Das Columbia Icefield stellt die Eisfabrik für sechs große Gletscher dar. Für Otto-Normal-Touristen ist das Eisfeld nicht zugänglich, dafür kann man aber einen seiner Ableger besuchen, den Athabasca-Gletscher. Und dazu braucht man nicht einmal eine besondere Ausrüstung. Warme Kleidung und eventuell eine Regenjacke genügen.

Beides hatten wir im Gepäck, als wir am Morgen in Jasper, dem Zentrum des Jasper-Nationalparks, losfuhren. Abends wollten wir in Lake Louise sein, doch dazwischen lag eines der Highlights unserer Reise: der Icefields Parkway, eine gut ausgebaute Straße durch die Berglandschaft der Rocky Mountains. Sie gilt als eine der schönsten Fernstraßen der Welt – wobei sie sich an diesem Tag nicht von ihrer besten Seite zeigte, denn das Wetter hatte schlechte Laune. Vor den Bergen hingen dicke graue Wolken, die für Dauer-Nieselregen sorgten, und der Wald versteckte sich hinter halb durchsichtigen Nebelschwaden, die ihn wie eine graugrüne Mauer erscheinen ließen.

Rund 30 Kilometer südlich von Jasper liegen die Athabasca Falls, ein spektakulärer Wasserfall, der vom Parkway aus über einen kurzen Wanderweg zu erreichen ist. Die Kapuzen tief ins Gesicht gezogen, schauten wir gebannt zu, wie der Athabasca River über eine zweigeteilte Felsenkante sprang, 23 Meter tiefer auftraf und eilig weiterfloss. Es war nicht so sehr die Fallhöhe, die uns beeindruckte, denn wir hatten schon weitaus höhere Wasserfälle gesehen. Unglaublich dagegen die Wassermassen, die sich hier tobend und schäumend in die enge Schlucht ergossen, die der Fluss über Millionen von Jahren gegraben hatte! Über eines der beiden Felsentore waren zwei dünne Baumstämme gestürzt, vom Sturm gefällt, und lagen nun dort wie eine schnell errichtete, unsichere Brücke. Ungeduldig wälzte sich das Wasser darüber hinweg, und es war nur eine Frage der Zeit, bis es die Brücke niederreißen würde.

Weiter südlich auf dem Icefields Parkway kam uns vom Gletscher bereits der Sunwapta River entgegen, und auch er führte uns eine akrobatische Fallnummer mit viel Schaum und

Sprühnebel vor. Wasserfälle säumen die Routen der Kanada-Reisenden, und jedes dieser Naturwunder zieht die Besucher geradezu magisch an. Man wird es einfach nicht leid, den wilden Flüssen bei ihren Kapriolen zuzuschauen. Manchmal sagten wir zwar: Wie, ein Wasserfall? Och nee, nicht schon wieder! Aber dann fuhren wir natürlich trotzdem hin und fanden die herabstürzenden Wassermassen auch diesmal – im wahrsten Sinne des Wortes – berauschend schön.

Klima-Stress

Wir fuhren weiter bis zum Icefield Centre, dem Besucherzentrum für Gletscherabenteuer aller Art. Touristen mit dickem Geldbeutel buchen hier eine Tour mit einem der rotweißen Gletscherfahrzeuge, den Snow Coaches, während die Normalos, wenn sie denn gut zu Fuß sind, einfach zur Gletscherzunge laufen. Die allerdings hat die Eigenart, sich von Jahr zu Jahr weiter zu entfernen.

Was tut ein Gletscher, wenn ihm ständig zu warm ist? Er schmilzt und verliert dabei mehr Eis, als vom winterlichen Schnee und dem Eisfeld weiter oben nachgeliefert werden kann. Mitte des 19. Jahrhunderts erstreckte sich der Athabasca-Gletscher noch acht Kilometer weit ins Tal, bis dorthin, wo später das Icefield Centre gebaut wurde. Heute ist er nicht nur rund zwei Kilometer kürzer, sondern hat auch an Masse verloren. Besucher können hier sehr anschaulich die Folgen der Klimaerwärmung erleben.

Die Vegetation hat längst angefangen, sich das Terrain zurückzuerobern. Zu Beginn unserer Wanderung sahen wir bereits Bäume, die schon vor Jahrzehnten in dem steinigen Boden Wurzeln geschlagen hatten. Danach folgten jüngere Bäume, bald aber ging das Grün über in eine ausgedehnte

Moränenlandschaft aus Schutt und Geröll. Wahre Berge an Gestein hat der Gletscher einst mitgeschleppt und bei seinem Rückzug hier abgelagert.

Wir liefen den markierten Weg entlang, der Gletscher grüßte grauweiß aus der Ferne. Schilder mit Jahreszahlen zeigten an, bis wohin seine Zunge zu welcher Zeit gereicht hatte. Als wir „1992" lasen, lag noch ein ordentlicher Teil der Strecke vor uns. Das Tempo, das der Athabasca-Gletscher vorlegt, ist geradezu unheimlich! Man meint fast, ihm beim Zurückweichen zusehen zu können. Gegenwärtig bedeckt er etwa sechs Quadratkilometer, doch pro Jahr schmelzen zwischen zehn und 25 Meter der Eiskappe endgültig weg.

Endlich hatten wir die eiskalte Zunge des Gletschers erreicht. Schmelzwasser lief in Bächen über seine Oberfläche, verschwand teils in den Spalten im Eis oder floss weiter bis zum nahegelegenen Sunwapta Lake. Betreten durfte man den Eispanzer nicht, zu groß wäre die Gefahr, in eine Gletscherspalte zu geraten. Am Rand hatten sich Risse gebildet, hier würden demnächst weitere Eisstücke abbrechen und vom Wasser weggetragen werden.

Wenn der CO2-Anteil in der Atmosphäre in gleichem Maße ansteigt wie bisher, so sagen die Experten, wird das Columbia Icefield bis zum Jahr 2100 weitgehend verschwunden sein.

Vom Athabasca-Gletscher ist in jener Zukunft nichts geblieben als eine Erinnerung. Und die Geschichte vom Weg der Schneeflocke erscheint wie ein Märchen aus einer fernen Vergangenheit.

Garlic Mashed Potatoes – Kartoffelpüree mit Knoblauch

Zutaten für 6 Personen:

1 kg mittelgroße Kartoffeln
4 Knoblauchzehen
½ Tl Salz
¼ Tl schwarzer Pfeffer
1 El Butter
125 ml Buttermilch
2 El Schnittlauch

Zubereitung:

Kartoffeln schälen und halbieren, Knoblauchzehen schälen. Beides in einen großen Topf geben, mit Wasser bedecken und zum Kochen bringen. Bei mittlerer Hitze kochen, bis die Kartoffeln weich sind, etwa 20 Minuten. Kartoffeln und Knoblauch abgießen und in eine Schüssel umfüllen. Mit einem Kartoffelstampfer zu Brei verarbeiten. Buttermilch, Butter, Salz und Pfeffer hinzufügen und gut unterrühren. Noch einmal kurz erhitzen. Schnittlauch in feine Röllchen schneiden und unterheben.

Das cremige Kartoffelpüree mit Knoblauch ist die ideale Beilage für jeden Braten, zum Beispiel den typisch kanadischen „peameal bacon roast", eine Art Kasselerbraten. Der Name entstand, weil das Fleisch früher in Erbsenmehl gewälzt wurde. Heute nimmt man Maismehl, doch der Name ist geblieben.

Der letzte Nagel – die transkanadische Eisenbahn

Donald Alexander Smith hob den schweren Hammer, holte aus – und traf daneben. Der Nagel, den er einschlagen wollte, hatte sich verbogen und konnte seinen Zweck nicht mehr erfüllen. Trotz des feuchtkalten Wetters an diesem Novembermorgen begann Smith zu schwitzen. Der würdige Herr mit weißem Vollbart und Zylinder war 65 Jahre alt und an körperliche Arbeit nicht gewöhnt. Als Direktor der Eisenbahngesellschaft Canadian Pacific Railway, kurz CPR, saß er für gewöhnlich an seinem Schreibtisch aus poliertem Eichenholz, oder er nahm an wichtigen Konferenzen und Geschäftsessen teil. Einen Hammer hatte er schon lange nicht mehr in der Hand gehalten.

Einer der Arbeiter reichte ihm einen neuen Nagel. „Bitte, Sir, nehmen Sie den hier."

Diesmal muss es klappen, dachte Smith, und wünschte, er hätte vorher Gelegenheit gehabt zu üben. Es war eine ungewohnte Situation für ihn, und dann schauten ihm auch noch alle zu! Smith platzierte den Nagel an der richtigen Stelle und holte tief Luft. Er fixierte den Eisenstift mit seinen Blicken, als wollte er ihn beschwören, dann hob er mit beiden Händen den Hammer und ließ ihn niedersausen. Der Nagel versank tief und vorschriftsmäßig im Holz und befestigte die Schiene sicher auf ihrer Schwelle.

Die umstehenden CPR-Manager und Arbeiter applaudierten. Der Direktor lächelte zufrieden. Er holte seine Taschenuhr heraus und schaute auf das Zifferblatt: 9 Uhr 22. Das große Werk war vollendet. Erleichtert betupfte sich Smith die Stirn mit seinem Taschentuch. Den krummen Nagel steckte er in seine Manteltasche.

Kaum ein Gegenstand in der Geschichte Kanadas ist von so großer Bedeutung wie der erfolgreich ins Holz getriebene Nagel. „The last spike", so nennt man ihn. Mit dem letzten von rund 30 Millionen Eisenstiften, jeder von ihnen etwa so lang wie eine Männerhand, mit viereckigem Profil und hakenförmigem Kopf, wurde am 7. November 1885 eine über 4.000 Kilometer lange Schienenverbindung fertiggestellt. Sie reichte von Port Moody im Südwesten von British Columbia bis in den Osten der Provinz Ontario, wo sie Anschluss an bereits bestehende Eisenbahnstrecken fand.

Von nun an konnten Passagiere das ganze Land von Ost nach West durchqueren, vom Atlantik bis zum Pazifik. Frachtgüter erreichten auf einmal in Rekordzeit ihr Ziel. Die Provinzen wuchsen zusammen, und die Kanadier bekamen ein Gefühl dafür, was es hieß, eine geeinte Nation zu sein.

Von beiden Seiten her wurde gleichzeitig an den Teilstrecken gebaut, bis die Gleise schließlich aufeinandertrafen: am Eingang des Eagle Pass etwa 45 Kilometer westlich von Revelstoke, mitten im Nirgendwo. Die führenden Leute von Canadian Pacific Railway hielten es für angebracht, den letzten Nagel im Rahmen einer feierlichen Zeremonie einzuschlagen, so wie die Amerikaner es ihnen im Jahr 1869 vorgemacht hatten. Ihr „last spike" war aus Gold gewesen, zum Festakt am Promontory Summit im US-Bundesstaat Utah erschienen hunderte von geladenen Gästen, und der Alkohol floss in Strömen.

Ein solch rauschendes Fest konnte und wollte sich die kanadische Eisenbahngesellschaft nicht leisten, war sie doch in der fast fünf Jahre währenden Bauzeit die meiste Zeit nur haarscharf am Bankrott vorbeigeschlittert. Tatsächlich fiel die Feier dann sehr schlicht aus. Kein einziger Politiker kam angereist, und nicht einmal die Presse schickte Vertreter. Immerhin aber hatte man einen Fotografen bestellt. Der tauchte zwar auch nicht auf, dafür aber konnte man einen Kollegen anheuern, Alexander Ross, der aus Calgary stammte und sich zufällig in der Gegend aufhielt.

Seine Bilder erschienen bald in allen Zeitungen des Landes. Das Foto, das den weißhaarigen Smith zeigt, wie er feierlich den letzten Nagel einschlägt, wurde berühmt und avancierte zum landesweiten Symbol. Ein Historiker schlug sogar vor, man solle eine Reproduktion des Bildes in allen Klassenzimmern des Landes aufhängen. Denn in jenem Moment wurde Kanada als Nation geboren, zusammengeschweißt durch einen mehr als 6.000 Kilometer langen Schienenstrang.

Ein gewagtes Versprechen

Am 1. Juli 1867 hatten sich vier Provinzen – Nova Scotia, New Brunswick, Québec and Ontario – zum Dominion of Canada zusammengeschlossen. Der erste Premierminister des neuen Landes, Sir John A. Macdonald, verfolgte jedoch eine weitaus größere Vision: die Vereinigung von British North America zu einer Nation, die von einem Ozean zum anderen reichte.

Da meldete auch British Columbia Interesse an. „Wir würden dem Dominion gerne beitreten“, sagten die Politiker, „aber nur unter der Voraussetzung, dass der Staat uns mit einer transkontinentalen Eisenbahnverbindung an den Osten anschließt.“ Und damit dies nicht erst in ferner Zukunft oder gar nicht passierte, setzten sie eine Frist: „Innerhalb von zehn Jahren nach unserem Beitritt soll die Trasse fertig sein."

Macdonald bekam glänzende Augen bei dem Gedanken, dass diese große bedeutende Provinz bald zur Nation gehören könnte, und versprach hoch und heilig, alle Bedingungen zu erfüllen. Am 20. Juli 1871 durfte er British Columbia als neues Mitglied des Dominions willkommen heißen.

Es war ein gewagtes Versprechen, angesichts der Herkulesaufgabe, die Kanada nun zu bewältigen hatte. Die neue Strecke würde über die hügelige, granitharte Landschaft des Kanadischen Schildes führen, durch die menschenleere Wildnis der Prärien, über hohe, zerklüftete Bergpässe und tiefe Schluchten. Zahlreiche Flüsse mussten überbrückt, Seen umgangen werden.

Um das Werk in Angriff zu nehmen, gründete man im Februar 1881 die Canadian Pacific Railway Company. Am Anfang allerdings ging es mit den Bauarbeiten nur äußerst schleppend voran. Als nach einem Jahr erst 211 Kilometer Schiene zu sehen waren, wurden der Bauleiter und der oberste Ingenieur gefeuert. Stattdessen holte man den Amerikaner William Cornelius Van Horne ins Boot, der über viel Erfahrung beim Bau von Eisenbahnstrecken verfügte. Van Horne beschloss, für jeden Teilabschnitt der Strecke eine andere Baufirma zu beauftragen, so dass die Arbeiten zügig vorangehen würden.

Mit den vorhandenen Arbeitskräften, meist Immigranten aus Europa, konnte das Jahrhundertprojekt nie und nimmer bewerkstelligt werden. Der Bauunternehmer Andrew Onderdonk, der den Zuschlag für die vier Bauabschnitte in British Columbia bekommen hatte, ließ deshalb während der Bauzeit rund 15.000 chinesische Arbeiter ins Land bringen. Die Chinesen schafften es, an einem einzigen Tag fast zehn Kilometer Schienen zu verlegen, doch sie erhielten nur die Hälfte des Lohns ihrer weißen Kollegen und mussten außerdem die gefährlichsten Aufgaben übernehmen. Tödliche Unfälle waren an der Tagesordnung.

Chinesische Arbeiter kamen bei Erdrutschen oder Sprengungen ums Leben, wurden verschüttet, wenn Tunnel einstürzten, oder fielen beim Brückenbau in reißende Flüsse und ertranken. Onderdonk gab die Zahl der Todesopfer mit rund 600 an, tatsächlich werden es tausende gewesen sein. Als am Eagle Pass die erfolgreiche Vollendung der Eisenbahntrasse gefeiert wurde, war keiner der chinesischen Arbeiter anwesend, und niemand verwendete auch nur einen Gedanken an die Männer und ihren Einsatz. Gewürdigt hat man die Leistung der Chinesen erst mehr als hundert Jahre später, als 1989 in Toronto das Chinese Railroad Workers Memorial eingeweiht wurde.

Mit kleinen Mängeln gut geraten

Am Abend des 27. Oktober 1885 bestieg William Cornelius Van Horne, mittlerweile Vizepräsident der CPR, in Montréal seinen privaten, luxuriös ausgestatteten Eisenbahnwaggon. Die Lokomotive stieß ein durchdringendes Pfeifen aus und puffte dicke Rauchwolken in die Luft, dann setzte sich der Zug in Bewegung und ratterte auf der neuen Interkontinentaltrasse Richtung Westen. Mit an Bord befand sich Direktor Donald A. Smith, und in Ottawa stieg noch der Eisenbahningenieur Sandford Fleming zu, ebenfalls Direktor der Gesellschaft.

Fleming gilt übrigens als der Erfinder der standardisierten Weltzeit, ausgehend vom Nullmeridian in Greenwich. Ihm war klar geworden, dass das Reisen über lange Strecken, speziell in solch riesigen Ländern wie Kanada und den USA, eine koordinierte Einteilung in Zeitzonen erforderte. Und nachdem er in

Irland einmal seinen Zug verpasst hatte, weil auf dem Fahrplan „p.m.“ (nach Mittag) anstelle von „a.m.“ (vor Mittag) stand, setzte er sich außerdem für die weltweite Einteilung der Uhr in 24 Stunden ein.

Am Morgen des 7. November erreichte Van Hornes Zug den Ort hinter dem Eagle Pass, wo die Strecken von Ost und West zusammengefügt wurden. Der Vizepräsident beschloss, dieses Fleckchen auf der Landkarte Craigellachie zu nennen, nach einem Ort in Schottland, wo sich die Mitglieder des Grant-Clans in früheren Zeiten versammelt hatten. Sowohl CPR-Präsident George Stephen – der zurzeit in London weilte, um die ständig prekären Finanzen der Gesellschaft zu regeln – als auch Direktor Smith stammten aus Schottland und waren nicht weit von Craigellachie aufgewachsen. Ob es auch an der berühmten schottischen Sparsamkeit lag, dass man das große Ereignis so bescheiden feierte?

„Mr. Smith, ich überlasse Ihnen die Ehre, den letzten Nagel einzuschlagen“, sagte Van Horne.

Smith schwang den Hammer, und eigentlich, so war es geplant, sollte jetzt ein silberner Spike im Holz stecken. Lord Lansdown, der Generalgouverneur von Kanada und Vertreter der britischen Krone, hatte tatsächlich einen entsprechenden Nagel anfertigen lassen. Doch aus diversen Gründen war der Lord nicht in der Lage gewesen, ihn nach Westen zu bringen. Wegen des schlechten Wetters hatte er es vermutlich vorgezogen, am warmen Kaminfeuer seiner Residenz in Ottawa zu bleiben.

Aufgefordert, eine Rede zu halten, äußerte Van Horne in seiner typischen knappen Art: „Alles, was ich sagen kann, ist, dass das Werk in jeder Weise gut geraten ist.“

Diese Aussage entsprach allerdings nicht ganz der Wahrheit. Die Eisenbahnstrecke wies so manches Provisorium auf, vor allem an den gerade erst fertig gebauten Abschnitten. Außerdem war der Betrieb noch gar nicht für den bevorstehenden Winter gerüstet. Doch wer wollte sich von solchen Kleinigkeiten die Laune verderben lassen? Nach der Feier stiegen die CPR-Manager stolz und wohlgemut wieder in ihren Zug ein und reisten weiter an die Pazifikküste.

Das normale Volk dagegen durfte erst im darauffolgenden Sommer ans Meer fahren. Der erste durchgehende Zug verließ am 28. Juni 1886 den Bahnhof von Montréal und erreichte am 4. Juli die Endstation in Port Moody. Danach aber verlegte die CPR noch ein paar Schienenkilometer zusätzlich, damit die Bahnverbindung in Vancouver endete. Die heutige Stadt bestand damals nur aus einer Siedlung mit einem Sägewerk, erlebte aber durch den Eisenbahnanschluss einen großen Aufschwung.

Der Junge auf dem Foto

An der historisch bedeutsamen Stelle in Craigellachie hat man einen kleinen Park mit Denkmal und Souvenirshop angelegt, er liegt zwischen dem Trans-Canada Highway und der Bahnstrecke, wo heute nur noch Güterzüge verkehren. Im Hintergrund hört man den Eagle River rauschen.

Es ist Mittagszeit, und die wenigen Picknicktische sind belegt. Während wir uns noch unschlüssig umschauen, winkt uns ein älteres Ehepaar heran. „Setzt euch zu uns, wir sind sowieso gleich fertig."

Die beiden stellen sich uns als Miles und Kathy aus Toronto vor. Kathy, graublonde Haare und ein wenig mollig, packt gerade die benutzten Teller zurück in die Kühlbox. Auf dem Tisch steht noch eine riesige leere Plastikschüssel, die, wie ein winziger Rest anzeigt, Kartoffelsalat enthielt. Dagegen nimmt sich unser Mittagsmahl, bestehend aus einem Becher Joghurt und einer Banane für jeden, vergleichsweise kärglich aus.

Miles trägt eine dunkelblaue Kappe mit dem Emblem der Toronto Maple Leafs, der Eishockeymannschaft der Stadt. Vor ihm auf dem Tisch liegt ein aufgeschlagener Bildband, den er vermutlich im Souvenirshop gekauft hat. „Hey", sagt Miles, „kennt ihr Craigellachie Kid?" Er deutet auf das berühmte Schwarzweißfoto. „Hier, seht mal, der Junge rechts hinter Smith."

Tatsächlich, das Gesicht eines Jungen schaut hinter dem weißbärtigen Direktor hervor, neugierig und darauf bedacht, sich nichts entgehen zu lassen.

„Welche Rolle hat er damals gespielt?", frage ich.

Miles lacht. „Gar keine – er ist zufällig auf das Bild geraten, weil er sich nach vorne gedrängt hat. Nur dadurch ist er berühmt geworden. Ein abenteuerlustiges Kerlchen, gerade achtzehn Jahre alt und noch recht klein für sein Alter. Edward Mallandaine, so hieß er. Man nannte ihn auch Craigellachie Kid."

Edward war in Victoria auf Vancouver Island aufgewachsen. Im Alter von 14 Jahren verließ er die Schule, um sein Glück im Westen zu suchen, doch in der dünn besiedelten Region waren Jobs für Jungen rar, und Edward kehrte nach Hause zurück und begann, bei einem Tischler zu arbeiten. Im Sommer 1885 zog er erneut los, er wollte nach Farwell, der späteren Stadt Revelstoke. Auf Flussdampfern und den Bauzügen der zukünftigen Eisenbahn gelangte er an sein Ziel.

Am Fuße der Rocky Mountains betrieb Edward ein erfolgreiches Business, indem er die Bauarbeiter mit Post, Zeitungen und den verschiedensten Waren versorgte. Ein paar Monate lang liefen die Geschäfte gut, doch als sich die Schienenstrecke ihrer Fertigstellung näherte, zogen die Arbeiter nach und nach fort, und ihre Camps verwandelten sich in Geisterstädte. „Ich bleibe noch, bis sie den letzten Nagel einschlagen“, beschloss Edward. „Das will ich unbedingt sehen.“ Mit dem letzten Bauzug, zusammengekauert auf einem offenen Transportwaggon, fuhr er während der Nacht bei Dunkelheit und Kälte bis nach Craigellachie. Und dort wurde er berühmt, rein zufällig.

Nach diesem Abenteuer machte sich Edward auf den Weg zurück nach Hause. Er studierte Architektur und Landvermessung, führte ein abwechslungsreiches Leben und starb zufrieden im Alter von 82 Jahren.

„Und wisst ihr auch, was aus dem ‚last spike‘ geworden ist?“, frage ich. In der Schwelle würde er ja nicht mehr stecken, dort wäre er längst verrostet.

„Es war nur der vorletzte Spike“, erzählt Kathy. „Sie haben ihn wieder herausgezogen, weil man befürchtete, dass Souvenirjäger ihn sonst mitnehmen würden. Stattdessen hat man hinterher einen dritten Eisennagel eingeschlagen.“

Miles und Kathy verabschieden sich, sie fahren jetzt weiter zum Railway Museum in Revelstoke. Die zwei sind echte Eisenbahnfans.

Den bedeutungsvollen Nagel soll ein Beamter des kanadischen Patentamts aus dem Büro der Eisenbahngesellschaft in Montréal entwendet haben. Angeblich liegt der Spike heute in einem Bankschließfach in Winnipeg. Das verbogene Exemplar, das Smith eingesteckt hatte, gelangte hundert Jahre später ins Canada Museum of Science and Technology in Ottawa. Und der Silbernagel, der nie zum Einsatz kam? Den kann man heute im Canadian Museum of History bewundern, ebenfalls in Ottawa.

Dass ein kurzer Nagel eine so lange Geschichte haben kann!

Pumpkin Pie – Kürbiskuchen

Zutaten:

160 g Mehl
50 g kalte Margarine
30 g kalte Butter
2–3 El kaltes Wasser
½ Tl Salz
500 g Kürbispüree
350 ml Sahne
100 g Zucker
50 g brauner Zucker
1 Tl Zimt
½ Tl Salz
½ Tl Ingwer
¼ Tl Muskatnuss
1 Prise Nelkenpfeffer
2 Eier
1 Becher Schlagsahne

Zubereitung:

Mehl und Salz in einer großen Backschüssel vermischen. Margarine und Butter in Stückchen hinzufügen und verkneten, bis diese etwa erbsengroß sind. Löffelweise das Wasser hinzufügen und jeweils mit einer Gabel untermischen, bis alles Mehl befeuchtet ist. Teig zu einer Kugel formen und zu einem Kreis ausrollen. Eine runde Pieform (ca. 23 cm Durchmesser) einfetten, Teig hineinlegen und die Ränder hochziehen.

Backofen auf 220°C vorheizen. In einer Schüssel Kürbispüree, Sahne, Zucker, braunen Zucker, Zimt, Salz, Ingwer, Muskat, Nelken und Eier gut vermischen, dann in die Pieform füllen. 15 Minuten lang backen, dann auf 180°C herunterschalten und für weitere 40 bis 45 Minuten backen.

Gekühlt mit gezuckerter Schlagsahne servieren.

Kürbiskuchen wird in Kanada im Herbst und frühen Winter gegessen und gerne zu Thanksgiving zubereitet.

Spuk im Schloss – die Luxushotels in den Rocky Mountains

Der letzte Nagel saß, wo er sitzen sollte – und wie ging es weiter? William Cornelius Van Horne, der Vizepräsident der Canadian Pacific Railway Company, wusste, dass es nicht reichte, eine Schienenstrecke durch das Land zu bauen. Nein, man musste auch dafür sorgen, dass die Leute das Angebot nutzten! Was nichts anderes hieß, als die Nachfrage anzukurbeln.

Mit der ihm eigenen Genialität ging Van Horne daran, die weitere Zukunft der Eisenbahn zu entwerfen. In den letzten Jahren hatte er bereits einen Paketlieferservice und einen Telegrafendienst auf die Beine gestellt, damit die ewig klamme CPR auch mal Profite erwirtschaftete. Was würde er sich als Nächstes ausdenken?

Stellen wir uns einmal folgende fiktive Szene vor: Van Horne, der oberste Boss George Stephen und Direktor Donald A. Smith steigen in Montréal in Van Hornes Privatwaggon und reisen zusammen nach Westen. Während die Landschaft an ihnen vorüberzieht, kommen ihnen wie von selbst Ideen für die zukünftige Entwicklung.

„Wir brauchen auf jeden Fall mehr Zubringerstrecken", sagt Stephen und nimmt einen Schluck von dem ausgezeichneten französischen Weißwein, den man ihm gerade serviert hat. „Unsere neue Ostwestverbindung sollte für möglichst viele

Menschen erreichbar sein.“ Er holt Block und Bleistift aus seiner Aktentasche und beginnt eifrig, zukünftige Eisenbahnlinien zu skizzieren.

Einige Zeit später hält der Zug in Fort William am westlichen Ende des Lake Superior. „Hier im Hafen werden lange Reihen von Güterwagen voller Weizen ankommen,“ sagt Van Horne träumerisch. „Kanadischer Weizen wird über die Seen und Flüsse bis zum Atlantik gelangen und von dort in alle Welt exportiert werden.“

Smith schaut den Vizepräsidenten verständnislos an. „Wo soll der Weizen denn wachsen, etwa in der Prärie?“

Van Horne lächelt. „Sie haben es erfasst, mein Lieber. Wo heute nichts als Gras sprießt, werden eines Tages Weizenfelder wogen.“ Er nimmt sich Stephens Block und zeichnet schnell und gekonnt einen kompletten Bauernhof. Noch ein paar Kühe auf die Wiesen, eine Farmersfrau mit einem Baby auf dem Arm, fertig.

Der Mann hat Phantasie, denkt Smith kopfschüttelnd.

In den darauffolgenden Tagen passiert der Zug Winnipeg, Regina und Calgary. Nun beginnt die schönste Strecke: die Fahrt durch die Rocky Mountains. An den Fenstern des Zuges gleiten schroffe Gipfel, Schneefelder und türkisfarbene Gletscherseen vorbei.

„Tourismus“, sagt Van Horne unvermittelt. Und bevor die anderen noch etwas erwidern können, beginnt er Luftschlösser zu malen. Diesmal nicht aufs Papier, sondern vor das innere Auge der Männer. Bis es alle sehen können: Blockhaus-Lodges, Schlosshotels mit Erkern und Türmen, abendliche Geselligkeit am knisternden Kaminfeuer, Fünf-Uhr-Tee mit Gletscherblick, und auf den zugefrorenen Seen drehen schmucke Herren mit Zylinder und hübsche Damen in langen Röcken lachend ihre Schlittschuhrunden.

Smith ist so angetan, dass er schon überlegt, sich auf seine alten Tage noch ein paar Schlittschuhe zu kaufen. Nun ja, vielleicht doch eher seiner Tochter und den Enkeln.

Mutter kümmert sich um alles

Van Horne beließ es nicht bei Luftschlössern und Visionen. Bis zum Ende des 19. Jahrhunderts baute die Canadian Pacific Railway Company das Streckennetz konsequent aus. Gleichzeitig sorgte sie dafür, dass Siedler in die menschenleeren Gegenden kamen. Für das Eisenbahnprojekt hatte die Gesellschaft von der Regierung rund 10.000 Quadratkilometer Land übertragen bekommen, und das, was sie nicht für Gleise und Bahnhöfe brauchte, konnte sie nun zu Schnäppchenpreisen verkaufen. Nun mussten nur noch genug Menschen kommen, die so ein Schnäppchen auch haben wollten.

Um potenziellen Interessenten den Umzug in die weiten Ebenen des Graslandes schmackhaft zu machen, ließ Van Horne entlang der Bahnstrecke zehn Modellfarmen errichten. Dann schickte er einen ganzen Waggon mit Feldfrüchten auf Tour nach Ontario und Québec, um den Leuten zu zeigen, was für reiche Ernten die fruchtbaren Böden der Prärie hervorbrachten. Er machte nicht nur im Osten Kanadas Werbung, sondern schaltete sogar Anzeigen in europäischen Zeitungen.

Und wenn jemand gerne Farmer werden wollte, aber nur wenig Ahnung von Landwirtschaft hatte? Oder nicht wusste, wie man den Boden unter den speziellen Bedingungen der Prärie bearbeitete? Auch für solche Fälle hatte die CPR eine Lösung parat: Sie erfand die Fertigfarm.

Die Farmen, je nach Wunsch 65 bis 130 Hektar groß und bereits vollständig umzäunt, wurden mit Wohnhaus, Scheune, Brunnen und Pumpe geliefert. Ein Drittel der Bodenfläche war bereits gepflügt und musste nur noch eingesät werden. Auch die Lage verlangte den neuen Siedlern nicht allzu viel Pioniergeist ab, denn die Höfe befanden sich in der Nähe von Schulen und Kirchen und vor allem nicht weit von der nächsten Bahnstation. Für den Weg des Getreides von der Scheune bis zum Verbraucher errichtete die CPR außerdem eine komplette Infrastruktur in Form von Mühlen, Getreidespeichern, Umschlagplätzen und Hafenanlagen.

In den Bergen, die sich im Westen an die Prärieprovinzen anschließen, brauchte es natürlich ein ganz anderes Konzept. Hier mussten komfortable Hotels hochgezogen werden, damit die Leute Lust bekamen, in der herrlichen alpinen Landschaft ein paar schöne Tage zu verbringen. Die Bahn würde den Gästen eine bequeme Anreise ermöglichen.

Van Horne sah eine große Zukunft im Tourismus. Deshalb schlug er der Regierung vor, eine Reihe von Nationalparks einzurichten. Einmal, um den Menschen die Schönheit der Natur zu zeigen, aber auch, um in den abgelegenen Regionen neue wirtschaftliche Möglichkeiten zu schaffen. Bereits 1883 hatten Bauarbeiter der CPR am Fuße des Sulphur Mountain in Alberta heiße Quellen gefunden. „Der perfekte Ort für einen Park!“, verkündete Van Horne. Die kanadische Regierung griff seinen Vorschlag auf und ließ rund um die Quellen ein Schutzgebiet ausweisen. So entstand Kanadas erster Nationalpark, zunächst unter dem Namen Rocky Mountains Park, später umbenannt in Banff National Park.

Anfangs baute man einige bescheidenere Unterkünfte im Blockhausstil, dann aber wurden zwei riesige, glanzvolle Schlosshotels in die Berge geklotzt, das Banff Springs Hotel und das Chateau Lake Louise. Zielgruppe: die Reichen und Schönen. Und die strömten bald in Scharen zu den Luxusherbergen.

Darunter befanden sich auch Amateurbergsteiger, die es reizte, die bisher unbezwungenen Gipfel der Dreitausender zu erklimmen. Als einer von ihnen dabei zu Tode kam, ging eine Schockwelle durch die Bergsteigerszene Kanadas, und der CPR drohte ein ernsthafter Rückgang im Geschäft mit den Touristen. Doch Mutter Eisenbahn kümmerte sich wie immer liebevoll um ihre zahlungskräftige Kundschaft. Sie stellte zwei Schweizer Bergführer ein, und diese geleiteten von nun an auch die unbedarftesten Hotelgäste sicher hinauf zu den Gipfeln und wieder hinunter.

Der schönste Ort, um Tee zu trinken

Die beiden Schlosshotels haben die Jahre überdauert und spielen den Charme traditioneller Luxushotels aus. Das Chateau liegt direkt am Lake Louise, einem Gletschersee auf 1.750 Metern Höhe, der nach einer Tochter von Königin Victoria benannt wurde. Die Touristen, die hier ein und ausgehen, kommen aus aller Welt, und der Ferienort Lake Louise, der um das Hotel herum entstanden ist, eignet sich wunderbar als Ausgangspunkt für Wanderungen.

An diesem Morgen glänzen die Berge im Sonnenlicht, bauschige weiße Wolken geben nach und nach die Gipfel frei, und darunter erstrahlt der See in einem einzigartigen Türkisblau. Wir starten zu einer Wanderung hinauf zum Lake Agnes. Zwar sind wir früh unterwegs, doch die besagten Touristen aus aller Welt hatten den gleichen Plan wie wir, und so marschieren wir beim Aufstieg in einer internationalen Kolonne von Amerikanern, Chinesen, Japanern, Engländern, Franzosen, Deutschen und Menschen aller möglichen anderen Nationen.

Einmal überholt uns eine junge Frau in flatternden schwarzen Gewändern. Sie ist vollständig verschleiert. Aus dem schmalen Sehschlitz blitzen fröhliche braune Augen hervor. „Hi!", ruft sie munter, während sie leichtfüßig an uns vorüberzieht. Über ihren Laufschuhen ist der Ansatz einer engen Jeans zu erkennen. Hinter ihr läuft in einem ebenso flotten Tempo ihr Mann mit einem Baby auf dem Arm.

Der See trägt den Namen von Kanadas erster First Lady. Im Jahr 1886 hatte Lady Agnes Macdonald, die Frau von Premierminister John Macdonald, die Gegend besucht und war ganz verzaubert von dem idyllischen kleinen Berggewässer und den schneebedeckten Hängen, die sich an seinen Ufern emporziehen.

Es ist kühl hier oben, denn der Lake Agnes liegt auf 2.134 Metern Höhe. Auf seiner Oberfläche treiben dünne Eisschollen, die hartnäckig der Julisonne trotzen. Wenn man, schwitzend nach dem steilen Aufstieg, eine Weile am Ufer stehenbleibt, um die Szenerie zu bewundern, fängt man unweigerlich an zu frösteln.

Deshalb gibt es am See eine ganz fabelhafte Einrichtung: das Lake Agnes Tea House, ein rustikales Lokal in einer Blockhütte, die man auf einen Sockel aus Feldsteinen gesetzt hat. Das Teehaus ist berühmt dafür, dass es für seine Gäste über hundert verschiedene Teesorten bereithält. Und wer hat's gebaut? Natürlich Mutter Eisenbahn, die weiß, was Wanderer sich wünschen.

Die Sonnenterrasse ist voll besetzt, doch im Innenraum finden wir noch zwei freie Plätze. Während die Leute um uns herum in den verschiedensten Sprachen parlieren, genießen wir unseren English Breakfast Tea und wärmen uns auf. „Haben wir jemals an einem schöneren Ort Tee getrunken?", fragen wir uns. Nein, gewiss nicht.

Einige Minuten später auf unserer Wanderung erreichen wir einen Aussichtspunkt, der uns den perfekten Blick auf das Chateau Lake Louise bietet, wie es sich aus dem weiten grünen Meer der Fichten und Tannen erhebt. Die Turmspitzen, so erkennen wir von hier oben genau, haben die gleiche Farbe wie der See. Das Hotel sei ein Diamant in der Wildnis, so schwärmt die Werbung. Man könnte den zehnstöckigen Kasten mit seinen 550 Zimmern aber auch ganz nüchtern als Bettenburg im Wald bezeichnen. Das mag jeder sehen, wie er will. Nur die Umgebung bleibt, was sie ist, nämlich traumhaft schön.

Wo Geister sich wohlfühlen

Das Schöne an den Luxushotels der Fairmont-Gruppe ist, dass sie nicht nur den zahlenden Gästen Zutritt gewähren, sondern ebenso den Tagestouristen, die sich einfach nur neugierig umschauen wollen. Die aber vielleicht auch in den Restaurants speisen und das eine oder andere teure Kleidungsstück in den hoteleigenen Geschäften kaufen.

So wandeln wir mit unseren staubigen Wanderschuhen, was niemanden stört, durch die breiten Gänge, vorbei an großen Bogenfenstern und Wandteppichen, unter Hirschgeweihen und Kronleuchtern. An der Decke in der Lobby hängt ein großer runder Leuchter mit zahlreichen elektrischen Kerzen, ein Gebilde aus Messing und Geweihstangen, und darunter schweben vier schlanke Frauenfiguren in Dirndlkleidern. Jede von ihnen hält eine Kerze und wendet sich in eine andere Himmelsrichtung. „Boh, guck mal“, sage ich und zeige nach oben, „was für‘n Kitsch!“

Ups, vielleicht hätte ich mich dezenter ausdrücken sollen. Ein hagerer älterer Mann in Wanderkleidung hat meine Worte aufgeschnappt, und jetzt lächelt er ein wenig verkniffen. Zwar spricht er kein Deutsch, doch das Wort Kitsch hat er offenbar verstanden. „Kennen Sie die Geschichte dieses Leuchters?“, spricht er uns an. „Die Damen stellen die Ehefrauen der Schweizer Bergführer dar, die damals mit den Gästen Bergtouren unternahmen. Abends, wenn ihre Männer bei Dunkelheit aus den Bergen zurückkehrten, haben die Frauen ihnen mit Laternen den Weg gewiesen.“

„Das ist sehr interessant“, sage ich höflich und denke: Na gut, dann ist ein wenig Kitsch erlaubt. Und weil der Mann offenbar gut über das Hotel informiert ist, frage ich ihn: „Wissen Sie, ob es hier spukt?“ In all diesen historischen Hotels, so meine Erfahrung, kursieren irgendwelche Geistergeschichten.

Der ältere Herr verzieht amüsiert das Gesicht. „Der eine oder andere Geist hält sich hier sicherlich auf, aber das Banff Springs Hotel hat in dieser Hinsicht mehr zu bieten.“

Als wir ein paar Tage später das Schwesterhotel in Banff sehen, ist uns sofort klar, warum sich die Geister hier mehr zu Hause fühlen. Denn während das Schloss am Lake Louise mit seiner in einem sanften Gelbton gehaltenen Fassade heiter und freundlich wirkt, kommt das Banff Springs Hotel mit düsteren graubraunen Mauern in der Art einer schottischen Burg daher. Wohlfühlatmosphäre für Gespenster!

So soll vor langer Zeit einmal eine junge Braut die große Marmortreppe in der Lobby hinaufgestiegen sein, um ihren zukünftigen Ehemann abzuholen. Als sie so Stufe für Stufe nahm, stolperte sie auf einmal über den Saum ihres Brautkleides und kam ins Straucheln. Und während die Ärmste die Treppe hinunterstürzte, fing auch noch ihr Kleid Feuer, da der Treppenaufgang mit brennenden Fackeln erleuchtet war. Der Unfall ging tödlich aus. Noch heute soll hier gelegentlich ein kalter Luftzug zu spüren sein, und manche Leute schwören, sie hätten die Geisterbraut beim Tanzen im Ballsaal des Hotels beobachtet.

Besonders gruselig ist die Geschichte von Zimmer Nr. 873. Der Legende nach hat in diesem Raum ein Familiendrama stattgefunden. Ein Mann ermordete seine Frau und seine Tochter und brachte anschließend sich selbst um. Gäste, die später dort übernachteten, berichteten verstört, sie hätten in der Nacht Schreie und ein grausiges Stöhnen gehört. Und die Zimmermädchen sagten schaudernd, die blutigen Fingerabdrücke auf dem Spiegel hätten sich nicht abwischen lassen. Angeblich wurde das Zimmer schließlich zugemauert, und die Hotelleitung bestreitet hartnäckig, dass es je existiert hat. Aber warum findet man dann in der achten Etage, anders als in den anderen Stockwerken, kein Zimmer mit der Endnummer 73?

Es gibt jedoch auch gute Geister in dem schottisch anmutenden Gemäuer. Wenn Gäste erzählen, ein netter alter Mann in Pagenuniform hätte ihnen so freundlich mit ihrem Gepäck geholfen, dann wissen die Angestellten, dass Sam McAuley, der schottische Hoteldiener, mal wieder am Werk war. Weil Sam das Hotel und seine Arbeit so sehr liebte, beschloss er, nach seinem Tod als Geist wiederzukommen. Und so geistert er nun durch das verschachtelte Gebäude, was man unter anderem daran sehen kann, dass sich die Aufzugtüren manchmal ganz von allein öffnen und schließen.

Das Banff Springs Hotel gehört zu den Top-Spukhotels weltweit, was seinem Ruf durchaus zuträglich ist. Ob da ein gewisser Van Horne seine Finger im Spiel hatte? Wenn nicht zu Lebzeiten, dann doch sicher als Geist.

Granola Bars – Müsliriegel

Zutaten:

300 g Haferflocken
40 g Sonnenblumenkerne
120 g Kürbiskerne
2 El Sesamsamen
100 g Haferkleie
40 g Cashewnüsse, gehackt
40 g Pekannüsse, gehackt
100 g Mandelblättchen
75 g Rosinen
1 Tl Zimt
35 g Milchpulver
225 g Honig
185 g Rapsöl
2 El Zuckerrohrsirup

Zubereitung:

Backofen auf 190°C vorheizen. Öl, Honig und Zuckerrohrsirup in einem Topf zum Kochen bringen, dann vom Herd nehmen und abkühlen lassen.

Alle trockenen Zutaten in einer großen Schüssel mischen, Flüssigkeit dazugießen und alles gut vermengen. Eine rechteckige Backform (ca. 18 x 28 cm) einfetten. Granolamischung einfüllen, glattstreichen und 15 bis 17 Minuten backen.

Ganz abkühlen lassen, dann in viereckige Stücke schneiden. In Plastikfolie einwickeln oder in einer Dose aufbewahren. Die Müsliriegel halten sich etwa 1 Woche.

Man kann die Granola Bars im Coffee Shop des Chateau Lake Louise kaufen, oder man backt sie selber. Auf jeden Fall geben die Müsliriegel à la Rocky Mountains viel Energie für jede Art von Outdoor-Unternehmung.

Besuch im Hörnchenland – Entdeckungen auf dem Rogers Pass

„Hallo, schau doch mal nach unten – hier bin ich!“ Keck schaut der Kleine zu mir hoch. Ein hübscher Bursche! Und gut gekleidet: Am Bauch und über der schwarzen Nase hat er lange hellbraune und weiße Fellhaare, am Rücken und um die Ohren herum einen grauweiß gemusterten Pelz. Es ist ein Erdhörnchen der Art „Columbia Ground Squirrel“, auf Deutsch Columbia-Ziesel. Seine unterirdische Wohnung liegt im Park des Rogers Pass Discovery Centre, das zum Glacier National Park gehört. Eine Traumlage!

Da steht der kleine Kerl auf seinen Hinterbeinen vor mir im Gras und stützt sich mit den Vorderpfoten auf den Holzbohlen des Weges ab. Mit seinen glänzenden schwarzen Augen betrachtet er mich interessiert. Als er merkt, dass ich ihn fotografiere, wendet er sich erst zur einen Seite, dann zur anderen. Offenbar legt er Wert auf Profilaufnahmen. „Super machst du das!“, lobe ich ihn. Er lacht, und ich sehe seine kräftigen Nagezähne.

Vermutlich ist es seine Aufgabe, Wache zu halten und zu beobachten, was sich hier so tut. „Ich liebe meinen Job“, würde er vielleicht sagen. „Man lernt immer neue Leute kennen, darf als Model posieren und bekommt nette Komplimente. Und wenn sie ihre Picknicks halten, bleiben immer ein paar Krümel für uns übrig.“

Als Erdhörnchen sind die Columbia-Ziesel eng mit Murmeltieren, Streifenhörnchen und Präriehunden verwandt. Ihre Kolonien finden sich auf den offenen Flächen der Bergregionen und Hochebenen im Südosten von British Columbia, im Westen von Alberta und in den nordwestlichen Bundesstaaten der USA.

Die Tiere legen ein geselliges Verhalten an den Tag und nehmen gerne untereinander Kontakt auf. Besondere Scheu vor Menschen scheinen die Hörnchen vom Rogers Pass nicht zu haben. Doch wenn sie Gefahr wittern, verschwinden sie blitzschnell in einem ihrer Erdlöcher. Das Erdloch ist der Eingang zu einem ausgeklügelt angelegten Bau.

Nehmen wir an, Frau Hörnchen käme nach der Futtersuche wieder nach Hause. Sie würde durch den Hauseingang schlüpfen und sich durch einen Tunnel in ihre bequem und praktisch eingerichtete Wohnung begeben. Erst bringt sie das Futter in die Vorratskammer, dann besucht sie ihre Jungen im Kinderzimmer. Dort liegen die Kleinen in einem gemütlichen Nest aus Blättern und warten schon ungeduldig fiepend auf die nächste Milchmahlzeit. Die Toilette befindet sich in einem gesonderten Raum, schließlich soll die Wohnung immer schön sauber bleiben. In wieder anderen Räumen lagert Baumaterial, das man als gut organisiertes Erdhörnchen ja stets im Haus haben sollte. Und dann gibt es noch die Schlafkammer für den Winterschlaf.

Die Columbia-Ziesel verschlafen fast zwei Drittel des Jahres. Wenn Frau Hörnchen im Frühling aufwacht, hat sie viel zu erledigen: Sie muss sich neue Fettpolster anfressen, die Wohnung renovieren, einen Partner suchen, sich mit ihm paaren und dann ihre Jungen aufziehen. Das Zeitfenster ist nicht groß, denn schon im Spätsommer legt sich Frau Hörnchen wieder schlafen.

Was wird die Kolonie hier oben am Rogers Pass schon alles erlebt haben! Die Erdhörnchen hätten viel zu erzählen. Zum Beispiel von jenem verrückten Amerikaner, nach dem der Pass benannt wurde.

Ein unangenehmer Typ

Albert Bowman Rogers, ein amerikanischer Major und Bauingenieur, war ein Unsympath erster Güte. Ein Typ wie aus der Feder eines Romanautors, dem seine Leser vorwerfen, dass er bei der Darstellung dieser Figur ja wohl reichlich übertrieben habe. Der kleine drahtige Mann fiel durch seinen stechenden Blick und durch seinen Schnurrbart auf, der zu beiden Seiten buschig herabhing wie dicke Ballen von schmutzig grauer Watte. Rogers hatte an der renommierten Universität von Yale studiert, wirkte aber wie das glatte Gegenteil eines kultivierten Yale-Absolventen, da er immer ungepflegt aussah und mit schäbiger Kleidung herumlief.

Seine Zeitgenossen fürchteten seine Wutanfälle und seine scharfe Zunge. Wenn er redete, schleuderte er jedem, der sich nicht rechtzeitig in Sicherheit brachte, Flüche und Schimpfwörter entgegen. Und den Saft seines Kautabaks, denn er war ein notorischer Konsument von Kautabak und unterstrich seine Äußerungen, indem er gekonnt und in hohem Bogen Tabaksaft in die Gegend spuckte. Im Umgang mit Menschen und Tieren kannte er keine Gnade. Er behandelte jeden schlecht, seine Mitarbeiter, seine Pferde und sogar sich selbst. Stinkstiefel, Kotzbrocken, so nannten ihn die Leute hinter vorgehaltener Hand.

Diesen ungehobelten Kerl nun hatte die Canadian Pacific Railway Company unter Vertrag genommen. James Jerome Hill, Vorstandsmitglied der CPR und ebenfalls US-Amerikaner, wusste, dass Rogers bei all seinen beeindruckend üblen Eigenschaften auch über einige respektable Fähigkeiten verfügte. Deshalb beauftragte er ihn, für die geplante Schienenverbindung einen passenden Weg durch die Berge auszukundschaften. Einmal durch die Rocky Mountains und zum anderen durch die Bergkette der Selkirk Mountains weiter im Westen.

Die Bergpässe in den Rockies waren bereits während früherer Expeditionen benannt worden, im Selkirk-Gebirge dagegen, einem überaus schwierigen Terrain, warteten noch unbekannte Pfade auf Namensgeber.

„Rogers", sagte Hill mit einem gewinnenden Lächeln, „wenn Sie den entscheidenden Pass durch die Selkirks finden, dann soll er Ihren Namen tragen. Und darüber hinaus wird die CPR Ihnen einen Scheck über 5.000 Dollar ausschreiben. Na, ist das ein Angebot?"

Rogers schlug sofort ein. Nicht wegen des Geldes, sondern weil ihn die Aussicht auf Ruhm und Ehre lockte. „Rogers Pass ...", er murmelte die Worte mehrmals vor sich hin und ließ sie auf der Zunge zergehen wie einen zarten Leckerbissen. Ha, man würde noch in hunderten von Jahren an ihn und seine überragenden Leistungen denken!

Tatsächlich schaffte es der kleine Mann mit der ewig schlechten Laune, einen Übergang durch das Gebirge zu entdecken. Er benötigte jedoch drei Anläufe, und zwar nur deshalb, weil er bei den ersten zwei Versuchen zu wenig Proviant eingeplant hatte. Nicht aus Unkenntnis, sondern aus purem Geiz, um ein paar Dollars zu sparen. Einmal kam es so weit, dass die Expeditionsteilnehmer regelrecht vor dem Verhungern standen. Es war dann der reine Zufall, der ihnen das Leben rettete: Am Ufer eines Flusses fanden sie ein verlassenes Kanu, und damit konnten sie schnell zurück ins Camp gelangen.

Am 24. Juli 1882 aber erreichte Rogers dann wirklich die Passhöhe, die er gesucht hatte, und sicherte sich damit einen festen Platz auf den Landkarten und in den Geschichtsbüchern. Den Scheck steckte er voller Stolz in einen silbernen Bilderrahmen, den er sich zu Hause an die Wand hängte. Er war erst bereit, den Scheck einzulösen, als CPR-Chef Van Horne, der die Konten der Gesellschaft ausgleichen wollte, ihm eine goldene Uhr versprach.

Die kanadischen Kollegen hielten von Rogers und seiner Arbeit herzlich wenig. „Der Kerl ist eine Luftnummer, ein Blender, ein Schwindler", so lautete die einhellige Meinung. Was damit zusammenhing, dass Rogers, wenn er erst einmal einen halbwegs gangbaren Weg gefunden hatte, sich nicht mehr Mühe machte, nach Alternativen zu suchen.

Für die Überquerung der Rocky Mountains schlug er den Kicking Horse Pass vor. Die Strecke, die er sich vorstellte, fiel allerdings extrem steil aus und sollte der CPR immer Probleme bereiten. Später baute die Gesellschaft an dieser Stelle einen spiralförmigen Tunnel in den Berg.

Der Name des Passes ist übrigens mit einer Legende verbunden: Bei dem Versuch, einen Fluss zu überqueren, wurde James Hector, Teilnehmer einer Expedition, von seinem Pferd abgeworfen und dann in die Brust getreten. Hector überlebte diese Verletzung und benannte sowohl den Fluss als auch den nahen Gebirgspass nach diesem Erlebnis.

Doch zurück zu Rogers eigenwilligen Ideen. Seine Planung sah vor, dass der Schienenweg dort, wo heute Banff liegt, per Tunnel durch einen winzigen Berg führte. Van Horne wurde wütend, als er den Vorschlag auf den Tisch bekam, und rief: „Sollen wir uns jetzt anderthalb Jahre aufhalten lassen, nur um diesen blöden Tunnel zu bauen? Weg damit!" Ein anderer Landvermesser fand dann ohne Probleme eine viel geeignetere

Route, wodurch die CPR ein paar Millionen Dollar sparen konnte. Der kleine Berg aber, der sich mitten in Banff erhebt, heißt bis heute Tunnel Mountain. Ganz ohne Tunnel.

Die Hosenträgerin

Der Rogers Pass entwickelte sich zum Hotspot der kanadischen Bergsteigerszene, doch die Bahnstrecke dort oben war alles andere als ideal. In einem ständigen Kampf musste die CPR ihre Trasse gegen den wuchernden Wald verteidigen und vor Waldbränden, Erdrutschen, heftigem Schneefall und Lawinen schützen. Pro Jahr gehen auf dem Pass 10 bis 15 Meter Schnee nieder! Nach mehreren Lawinenunglücken, bei denen insgesamt 70 Menschen ums Leben kamen, verlegte man die Streckenführung schließlich unter die Erde. Mitten im Wald, auf dem Loop Brook Trail, kann man noch heute die steinernen Pfeiler der früheren Trasse sehen, die hier in Schleifen verlief und deshalb „The Loops" genannt wurde.

Die Eröffnung des Connaught-Tunnels 1916 brachte den Tourismus auf dem Rogers Pass nach und nach zum Erliegen, und auch das feine Hotel, das Glacier House, musste schließen, weil die Gäste wegblieben. Endlich durften die Erdhörnchen wieder ungestört ihren Alltagsgeschäften nachgehen, was sie allerdings auch ein wenig langweilig fanden. Deswegen war es immer eine nette Abwechslung, wenn ein paar Bergsteiger in die Gegend kamen, über die sie sich dann amüsieren konnten. Was für eine seltsame Idee, auf die Berggipfel zu klettern, obwohl es dort oben nichts zu holen gab!

Zu den Gipfelstürmern gehörte, was ungewöhnlich war in der damaligen Zeit, auch eine Frau. Sie hieß Georgia Engelhard, wurde 1906 in New York geboren und war die Nichte des amerikanischen Fotografen Alfred Stieglitz und seiner Frau

Georgia O'Keeffe, einer der bekanntesten Malerinnen des 20. Jahrhunderts. Auch Georgia Engelhard entwickelte beachtliche künstlerische Fähigkeiten. Im Sommer jedoch wollte sie aber vor allem eines: hinauf auf die Berge! Und weil lange Röcke beim Klettern nur hinderlich waren, zog sie einfach Reithosen an.

Die Besucher des Rogers Pass Discovery Centre dürfen diese Hosen anprobieren. Mir waren sie zu groß, aber das dürfte jedem so ergehen, denn der Künstler Rob Buchanan, der Engelhards Reithosen 2011 als interaktive Skulptur gestaltet hat, wählte eine Übergröße. Deswegen kann man ganz bequem von hinten hineinschlüpfen und sich von vorne fotografieren lassen. Buchanan nannte sein Kunstwerk „The Breeches of Miss Conduct". Die Hosen aus pulverbeschichtetem Stahl sind extrem haltbar und überstehen jedes Wetter. Nur klettern kann man in ihnen nicht.

Engelhard hatte die Ausdauer eines Marathonläufers, kombiniert mit dem Geschick einer Bergziege. 1926 reiste sie das erste Mal zum Bergsteigen in die kanadischen Rockies, und dann kam sie 25 Jahre lang fast jeden Sommer hierher, angezogen von der Magie der Bergwelt mit ihren schroffen Felsen und eisigen Gletschern. Allein 32 Erstbesteigungen gehen auf ihr Konto.

Die junge Frau erklomm die Berge so leichtfüßig, als würde es sich um gemütliche Spaziergänge handeln. Die Schweizer Bergführer, die sie auf ihren Touren begleiteten, scherzten, man müsse schon Steine in Engelhards Rucksack packen, damit sie einmal langsamer werde. Im Jahr 1932 drehte man einen Film mit ihr, der eine große Werbewirkung hatte und zunehmend mehr Touristen in die Rocky Mountains zog. Vor allem aber fühlten sich durch ihr Vorbild auch andere Frauen ermutigt, den eigenen Neigungen zu folgen.

Georgia Engelhard war so kühn, die Reithosen nicht nur beim Bergsteigen zu tragen, sondern bisweilen auch in der Stadt, wofür sie einige Schmähungen ertragen musste. Eine Zeitung in Banff schrieb: „Die jungen Frauen, die in Reithosen gekleidet durch die Straßen stolzieren und in Hotels speisen, sollten eine ordentliche Tracht Prügel bekommen und ins Bett geschickt werden. Hosen sind für Männer gemacht und nicht für Frauen. Frauen sind für Männer gemacht und nicht für Hosen."

So waren sie, die schlechten alten Zeiten.

Doch Georgia Engelhard ließ sich auch von bösartiger Kritik nicht beirren. Sie lief weiterhin in Hosen herum, wenn es ihr passte, stürmte die Berge hinauf, malte und fotografierte professionell, und sie lebte – was für ein Skandal! – mit ihrem Freund mehrere Jahre ohne Trauschein zusammen, bevor sie ihn heiratete und mit ihm in die Schweiz zog. Sie sagte: „Frauen werden von der Meinung, die sie über sich selbst haben, aufgehalten, nicht von der Meinung der Männer." Mit dieser Auffassung war sie ihrer Zeit weit voraus.

Engelhard starb 1986 zwei Monate vor ihrem 80. Geburtstag. Ihre Hosen oben auf dem Rogers Pass stehen den Frauen auch heute noch gut.

Der Highway kommt!

Lange Zeit lag die Passhöhe im Dornröschenschlaf. Bis die Erdhörnchenkolonie eines Tages erneut in große Aufregung geriet. Die Wachposten meldeten: Von Norden und Süden kriechen zwei breite graue Bänder die Berge hinauf! Es war der Trans-Canada Highway, die große, alle Provinzen verbindende Straße, die sich nun ihrer Vollendung näherte. Mit 7.821 Kilometern ist sie die längste Nationalstraße der Welt.

Am 4. September 1962 reiste John Diefenbaker, der kanadische Premierminister, zum Rogers Pass, um den Highway im Rahmen einer großen Feier zu eröffnen. Zum zweiten Mal, denn eine erste Eröffnung hatte Ende Juli bereits in Revelstoke stattgefunden. Bei dem Jahrhundertprojekt 77 Jahre zuvor war ein letzter Nagel eingeschlagen worden, bei dem Projekt des 20. Jahrhunderts kippte man eine letzte Schaufel Asphalt auf die Straße. Der Premierminister durfte die schwarze Masse feststampfen.

„Ladies und Gentlemen, hiermit erkläre ich den Trans-Canada-Highway für eröffnet!“, verkündete Diefenbaker.

Von jenem Tag an konnten die Kanadier ihr Land auf einer durchgehenden Straße bereisen, die von St. Johns, Neufundland, im Osten bis nach Victoria, British Columbia, im Westen reichte – zwei Fährverbindungen inklusive. Von der Kleinigkeit einmal abgesehen, dass einige Abschnitte, die sich auf geschätzte 3.000 Kilometer summierten, noch nicht asphaltiert waren.

Auf dem Rogers Pass erinnern zwei schlanke, über Kreuz gesetzte Holzbögen an die Eröffnung der Nationalstraße Nr. 1. Die Bögen spannen sich über eine Karte des Highways und symbolisieren die Konföderation und das verbindende Element des Verkehrs.

„Nun habe ich gefühlt hundert Fotos von dir im Kasten“, sage ich zu meinem Lieblingserdhörnchen, genauer: Columbia-Ziesel, auf dem Rogers Pass. „Dafür danke ich dir! Du gehörst zu meinen schönsten Kanada-Erinnerungen. Aber jetzt muss ich weiter. Mach’s gut!“

Der Kleine lächelt. Dann dreht er sich um und verschwindet in seinem Erdloch. Wir wollen ja hier nicht sentimental werden.

Butternut Squash Soup – Butternut-Kürbis-Suppe

Zutaten für 4 Personen:

900 g Butternut-Kürbis
950 ml Hühnerbrühe
950 ml Wasser
1 El Salz
1 Tl weißer Pfeffer
250 ml süße Sahne

100 ml Crème fraîche
2 El Buttermilch
2 Tl Schnittlauch
½ Tl Salz für die Creme
4 frische Kräuterzweige

Zubereitung:

Schnittlauch in sehr feine Röllchen schneiden. In einer kleinen Schüssel Crème fraîche, Buttermilch und Salz verrühren, dann den Schnittlauch hinzufügen. In den Kühlschrank stellen.

Butternut-Kürbis schälen, längs halbieren und die Samen entfernen. In kleine Würfel schneiden. Wasser und Hühnerbrühe in einem großen Topf zum Kochen bringen, Kürbis und Salz hinzufügen. Kochen, bis der Kürbis sehr weich ist, etwa 30 Minuten. 4 El der Kürbisstückchen herausnehmen zur späteren Verwendung. Kürbissuppe pürieren, bis sie glatt und cremig ist. Weißen Pfeffer und süße Sahne hinzufügen und die Suppe noch einmal erhitzen.

Suppe in 4 tiefe Teller füllen und bei jeder Portion einen Teil der Schnittlauchcreme spiralförmig hindurchziehen. Jeweils 1 El der Kürbisstückchen in die Mitte geben. Jede Portion mit einem Kräuterzweig garnieren.

Köstlichkeiten wie diese Kürbissuppe werden zum Beispiel im Rocky Mountaineer serviert, dem Panoramazug, der durch die kanadischen Rockies fährt.

Mit zerschmettertem Schädel – wo die Bisons in den Tod sprangen

Behände kletterte der junge Krieger die steile Felswand hinunter, wobei er geschickt jede vorspringende Unebenheit nutzte, um sich festzuhalten. Schließlich gelangte er, nun nicht mehr weit vom Fuße der Klippe, zu einem steinernen Sims. Darunter wich der Fels ein paar Handbreit zurück. Der junge Mann schwang sich in die Höhlung und lehnte sich gegen das kühle Gestein. Stünde er hinter einem Wasserfall, wäre hier die perfekte Stelle, den Vorhang des sprühenden Wassers zu betrachten. Doch der Krieger erwartete ein ganz anderes Schauspiel: Gleich würden die Bisons über die Klippe in den Tod stürzen! Eine Welle der Aufregung ergriff ihn, und seine Augen leuchteten, als er spürte, wie die Erde unter den donnernden Hufen der Tiere zu zittern begann ...

Schon seit Urzeiten trieben die Indianer vom Volk der Blackfoot Bisonherden über hohe Felsenklippen in der Landschaft, um ihre Ernährung für die nachfolgenden Monate sicherzustellen. Jedes Kind wusste, wie alles begonnen hatte, denn die Stammesältesten, Hüter der Tradition, der Mythen und Legenden, erzählten es jeder nachwachsenden Generation.

Napi, auch „Old Man" genannt, hatte gerade die ersten Menschen geschaffen. Zufrieden schaute er seine Geschöpfe an: Sie waren ihm gut gelungen! Aber die Menschen kannten sich noch nicht aus in ihrem neuen Leben. „Was sollen wir essen?", fragten sie ihren Schöpfer ratlos. Da nahm Napi dicke Klumpen von Lehm, formte Bisons daraus und hauchte ihnen Leben ein. „Kommt mit", sagte er zu den Menschen und führte sie zu einem hohen Felsvorsprung. Dann rief er seine Bisons. Diese kamen sogleich angesprungen und rannten geradewegs auf die Felsenkante zu. In vollem Lauf stürzten sie sich in den Abgrund. „Schaut", sagte Old Man zu den Menschen, „das ist eure Nahrung."

Es war eine ebenso einfache wie geniale Methode, maximalen Jagderfolg zu erzielen. Gleichwohl musste die Jagd sorgfältig vorbereitet werden. Schon Monate vorher wählten die Blackfoot in der Nähe der Klippe einen geeigneten Sammelplatz für die Herde aus, idealerweise eine Senke, die von Bächen durchflossen wurde, da Bisons viel Wasser brauchen. War der Platz gefunden, brannten die Indianer dort Gras und Strauchwerk ab, damit das junge Gras im darauffolgenden Frühjahr umso üppiger sprießen konnte.

Nach der Schneeschmelze gluckerte in den Bächen das frische, klare Wasser, und in der Senke wuchs ein dichter Teppich aus saftigem grünen Gras. Eine große Bisonherde hatte sich eingefunden, angelockt durch das reichliche Futterangebot. Friedlich grasten die Tiere auf ihrer Weide. Doch nun pirschten sich einige Indianer heran, verkleidet mit Wolfsmasken und Wolfspelzen. Als die Leittiere den Feind bemerkten, folgten sie ihrem Fluchtimpuls und setzten sich in Trab. Weitere Indianer, verborgen unter Bisonhäuten, drängten als vorgebliche Artgenossen die anderen Tiere vorwärts.

Von alleine würde die Herde nicht den gewünschten Weg zur Klippe einschlagen, deswegen hatten die Indianer mit Steinhaufen eine etwa drei Kilometer lange, trichterförmige Laufstrecke markiert. In den Steinhaufen steckten Äste mit flatternden Bändern, die die Bisons erschrecken und so davon abhalten sollten, zur Seite auszubrechen.

Dicke Staubwolken wirbelten auf, als Kühe, Kälber und Bullen in einer wilden Flucht in Richtung Abgrund galoppierten. Als die ersten die Felsenkante erblickten, versuchten sie noch zu stoppen, doch es war zu spät. Innerhalb von Sekunden wurden sie von den nachfolgenden Tieren überrannt.

Mit Spannung und Neugier beobachtete der junge Krieger in seinem Schlupfwinkel, wie die mächtigen Bisons wie schwerelos angeflogen kamen, um dann beim Aufprall zehn Meter weiter unten tot zusammenzubrechen. Das Stürzen wollte kein Ende nehmen, offenbar war die Herde außergewöhnlich groß. Die Masse aus Blut, Fleisch und Fell reichte bald bis hinauf zu der Felsenhöhlung, wuchs höher und höher. Der junge Mann fühlte, wie Panik in ihm aufstieg. Er wollte schreien, doch in diesem Moment bekam sein Kopf einen heftigen Schlag ab. Als die anderen Indianer ihn Stunden später fanden, lag er mit zerschmettertem Schädel in der Felsennische.

Niemand kann mehr sagen, wann sich dieses Ereignis zugetragen hat, doch seitdem heißt die Klippe „Head-Smashed-In Buffalo Jump".

Ein produktives Unternehmen

Das Volk der Blackfoot teilt sich in drei Stämme auf, die Siksika, die Kainai und die Piikani. Die Stämme sind zwar unabhängig voneinander, sprechen aber dieselbe Sprache und betrachten sich als Verbündete. Ihr Stammesgebiet in der Prärie, der Grassteppe Nordamerikas, erstreckte sich vom North Saskatchewan River im mittleren Alberta bis zum Yellowstone River im US-Bundesstaat Montana und von den Rocky Mountains bis zu den Cypress Hills an der Grenze zwischen Alberta und Saskatchewan.

Eine Herde von 100 bis 200 Bisons in den Tod zu treiben, stellte eine gängige Praxis dar, weshalb in der Prärie viele solcher „buffalo jumps", wie die Felsenkanten genannt wurden, zu finden sind. Doch kein Jagdplatz ist so gut erhalten wie die Sandsteinklippe, wo der leichtsinnige Blackfoot-Krieger sein Leben ließ. Ein Festessen für die Archäologen! Denn unterhalb des Felsens tat sich ihnen eine ganze Bibliothek zur Kultur der Ureinwohner auf – in Form von Knochen, Keramik, Werkzeugen und Waffen. Bis zu zwölf Meter tief reichte die Schicht mit den Überresten. Die Fachleute fanden heraus, dass man diese Felsenstufe in der Prärielandschaft schon vor 6.000 Jahren zur Bisonjagd genutzt hatte.

Tiere, die den Sturz überlebten, wurden von den Indianern, die am Fuße des Felsens warteten, mit Knüppeln und Speeren zu Tode gebracht. Kein einziges Tier der Herde blieb verschont, weder unten an der Klippe noch eine Etage darüber. Und warum? Weil die Indianer glaubten, es könnte seinen Artgenossen sonst verraten, mit welchen Tricks sie arbeiteten.

Ein ausgewachsener Bisonbulle kann ein Gewicht von bis zu 900 Kilo erreichen, die Kühe dagegen sind deutlich kleiner und wiegen nur etwa halb so viel. Eine Herde, die in den Tod sprang, versorgte die Indianer mit bis zu 80 Tonnen Fleisch. Was für ein Reichtum!

Sobald der letzte Bison gefallen war, begann der zweite Teil der großen Gemeinschaftsaktion, die Verarbeitung der toten Tiere. Dazu hatten die Indianer rund um den Felsen ein Arbeitscamp aus Zelten errichtet. Alle mussten mit anpacken, Männer, Frauen und die älteren Kinder.

Eine Bisonherde war für die Blackfoot ein wandelndes Rohstoff- und Materiallager. Nicht nur, dass sie das Fleisch als Nahrungsgrundlage nutzten und aus Fell und Häuten ihre Kleidung und Zelte nähten. Nein, sie wussten für alles, was die Tiere lieferten, einen Verwendungszweck. Aus den Schulterblättern ließen sich Hacken und Schaufeln herstellen, die Därme ergaben ausgezeichnete Bogensehnen, und wer einen Tabaksbeutel brauchte, verwendete die Blase des Bisons. Und wie praktisch waren doch die Hörner! Man brauchte sie nur auszuhöhlen, und schon hatte man ein Gefäß, in dem man Medizinkräuter aufbewahren konnte.

Alles Steinzeit oder was? Ja – doch man staunt über die ausgefeilte Organisation der Prärie-Indianer, ihre Kenntnisse und Methoden und ihre Arbeitsleistung im Verhältnis zum Ergebnis. „Das Unternehmen Bisonjagd schneidet glänzend ab im Produktivitätsvergleich", würden die Wirtschaftsblätter heute schreiben.

Zudem waren die Blackfoot den Akteuren des Industriezeitalters weit voraus. Sie wussten nicht nur, wie man schonend und nachhaltig mit Ressourcen umgeht, sondern setzten ihr Wissen auch täglich in die Tat um. Zwar trieben sie Jahr für Jahr zahlreiche Bisons in den Tod, doch nie so viele, dass am Ende die Bestände gefährdet gewesen wären. Habgier und Verschwendung galten als unkluges Verhalten. Und weil die Tiere eine großzügige Gabe der Natur darstellten, wurden Jagd und Verwertung immer mit besonderen spirituellen Zeremonien begleitet.

Das große Sterben

In der Prärielandschaft der Great Plains, der „großen Ebenen" Kanadas und der USA, lebten vor der Ankunft der Europäer rund 30 Millionen Bisons. Mit ihren Gewohnheiten formten sie die riesigen Flächen des Graslandes: als Rasenmäher auf vier Beinen, als Düngemittellieferant und dazu als Landschaftspfleger, indem sie mit ihren Hufen zarte Baumschösslinge zertrampelten und so die Entstehung von Wäldern verhinderten. Das Land, das man heute intensiv für Ackerbau und Viehzucht nutzt, wurde im Laufe der Jahrtausende von den Bisons vorbereitet.

Lange Zeit war die kanadische Grassteppe für die Europäer uninteressant, lag sie doch zu weit abseits der Städte und der schiffbaren Flüsse. Die Blackfoot-Indianer konnten weitgehend ungestört ihre Kultur und Lebensweise pflegen. Doch ab der Mitte des 19. Jahrhunderts war es aus mit dem Frieden. Hatten sich zuvor allenfalls Missionare blicken lassen, tauchten nun mehr und mehr weiße Siedler auf, und die beanspruchten das Land jetzt für sich. Im Osten der Prärie, wo mehr Regen fiel, pflügten sie das Grasland um und legten Getreidefelder an, und aus den trockeneren Gebieten im Westen wurden Weideflächen für die Rinder.

Für die Bisons hatten sie ebenfalls Verwendung, denn aus dem robusten Leder ließen sich Gürtel und Soldatenstiefel bester Qualität herstellen. Weiße Bisonjäger erlegten die Tiere in Massen und strichen nicht nur satte Profite ein, sondern hatten auch noch Anspruch auf Abschussprämien. Wer einen Bison tötete und die Ohren als Beweis vorlegte, bekam einen halben Dollar pro Tier ausgezahlt. Mit dieser perfiden Methode wollte die kanadische Regierung unter Premierminister Macdonald den Ureinwohnern die Lebensgrundlage entziehen: Hungrige Indianer, so die Überlegung, ließen sich leichter in Reservate abschieben als wohlgenährte. Und ihr angestammtes Land wäre dann frei für die Besiedlung durch weiße Einwanderer.

Gegen Ende des 19. Jahrhunderts schließlich waren die Bisons sowohl in Kanada als auch in den USA so gut wie ausgerottet. Und hätten sich nicht gerade noch rechtzeitig engagierte Tierschützer für sie eingesetzt, wären sie wohl für immer von der Erdoberfläche verschwunden, so wie vor ihnen Mammuts oder Dinosaurier. Die etwa 350.000 bis 400.000 Bisons, die heute in eingezäunten und geschützten Präriegebieten grasen, stammen alle von nur 116 Tieren ab, der letzten wildlebenden Herde des Kontinents.

Die Felsenklippe Head-Smashed-In Buffalo Jump erhebt sich im Südwesten von Alberta. Als die Bisons verschwanden, geriet der Ort zunächst in Vergessenheit, bis er 1938 von den Archäologen wiederentdeckt wurde. Seit 1881 genießt die historische Stätte den Status eines UNESCO Weltkulturerbes, was vor allem auch die Blackfoot-Indianer mit Stolz erfüllt. In dem Dokumentationszentrum, das in die Klippe eingebaut wurde, können sich die Besucher über die jahrtausendealte Geschichte des Jagdplatzes informieren.

Von der Aussichtsplattform schweift der Blick über die bergige Landschaft der Hochebene – Weideland für Rinder, so weit das Auge reicht. Doch ganz in der Nähe von Head-Smashed-In Buffalo Jump grast wieder eine kleine Bisonherde, und die wird nicht eines Tages über die Klippe springen müssen. Fest versprochen!

Crispy Ginger Beef – knusprige Ingwer-Flank-Steaks

Zutaten für 4 – 6 Personen:

90 g Maisstärke
115 ml Wasser
2 Eier
450 g Flank Steak
115 ml Rapsöl
1 große Möhre
1 grüne Gemüsepaprika
1 rote Gemüsepaprika

3 grüne Zwiebeln
1 El frischer Ingwer
5 Knoblauchzehen
75 g Zucker
115 ml weißer Essig
3 El Sojasoße
1 El Sesamöl
1 El rote Pfefferflocken

Zubereitung:

In einer großen Schüssel Maisstärke mit Wasser glattrühren. Eier hinzufügen und verquirlen. Flank Steaks in sehr dünne Scheiben schneiden und mit der Ei-Stärke-Mischung vermengen.

Das Öl in einer Pfanne heiß werden lassen. ¼ der Steakstreifen in die Pfanne geben und unter ständigem Wenden etwa 3 Minuten braten. Auf Küchenpapier abtropfen lassen. Portionsweise den Rest ebenso braten. Das Öl bis auf etwa 1 El voll aus der Pfanne abgießen.

Möhre, grüne und rote Paprika in schmale Streifchen schneiden, Zwiebel, Knoblauch und Ingwer in kleine Würfel schneiden. Alles unter häufigem Wenden etwa 3 Minuten braten.

In einer kleinen Schüssel Zucker, weißen Essig, Sojasoße, Sesamöl und rote Pfefferflocken gut verrühren. Soße über das Gemüse geben, zum Kochen bringen. Steakstreifen hinzufügen.

Alles noch einmal gut erhitzen. Auf Reis servieren.

Pferde, Rinder, Cowboys – die Calgary Stampede

Ein Brausen erhebt sich, eine Woge der Aufregung breitet sich rund um das Rodeo-Stadion aus, dann ertönt begeisterter Applaus. Das Pfeifen, Rufen und Jubeln will kein Ende nehmen.

Ich blicke hinüber zum Stampede Park, der Quelle der lautstarken Begeisterung. „Und das alles nur, weil wieder jemand einen dieser armen Stiere zu Boden gezwungen hat", sage ich düster.

Peter schaut mich vorwurfsvoll an. „Hey, wir sind hier in Calgary, der Hauptstadt des kanadischen Rodeos! Das ist ein landestypischer Sport, da könntest du ruhig etwas mehr Verständnis aufbringen."

„Oh, ich hab' jede Menge Verständnis" erwidere ich, „und zwar für die Stiere!"

Wochenlang haben wir uns in den Bergregionen von British Columbia und Alberta aufgehalten, im Reich der Gletscher, Bergseen und Wasserfälle. Und nun, nach einer gerade einmal zweistündigen Fahrt bergab, finden wir uns in der Großstadt Calgary wieder, in einer flachen, sommerlich heißen Gegend. Blicken wir nach Westen, können wir noch die Gipfel der Rocky Mountains ausmachen, im Osten hingegen sehen wir nichts als die weiten Ebenen der Prärie.

Es ist reiner Zufall, dass wir ausgerechnet während der Zeit der „Calgary Stampede", der größten Rodeo-Show der

Welt, hier gelandet sind. Und ebenso zufällig befinden wir uns gerade in Hörweite des „Grandstand", des Stadions, wo viele der Veranstaltungen stattfinden.

Ein verrücktes Kunstwerk hat uns in dieses Stadtviertel geführt, die „upside-down church", ein in umgekehrter Richtung aus dem Boden wachsendes, etwa sieben Meter hohes Kirchlein. Mit der Spitze seines roten Turms scheint es spielerisch auf dem Rasen zu balancieren. Über dem Turm erhebt sich ein halb gedecktes Dach aus dunkelrotem Glas, gefolgt von einem weißen, teilweise offenen Kirchenraum. Wer hier beten wollte, müsste sich eine Leiter mitbringen!

„Device to Root Out Evil" – Vorrichtung, um das Böse mit der Wurzel auszureißen, so hat der Schöpfer der Skulptur, Dennis Oppenheim, sein Kunstwerk genannt. Oppenheim, der 2011 im Alter von 72 Jahren starb, war ein US-amerikanischer Land-Art- und Performance-Künstler, weltweit bekannt für eine Kunst, die darauf abzielte, Menschen zu provozieren. Und zwar nicht nur die Museumsbesucher, sondern die ganz normalen Leute auf der Straße, weswegen er als Bürgerschreck galt. Oppenheim gestaltete monumentale Skulpturen und ließ sie dort platzieren, wo jeder Passant sie betrachten und sich darüber aufregen konnte.

Die kleine Kirche hat inzwischen eine lange Reise hinter sich. Zuerst wurde sie 1997 auf der Biennale in Venedig ausgestellt, später gastierte sie im Coal Harbour Park in Vancouver, musste aber wegen Protesten aus der Nachbarschaft abgebaut werden, und schließlich kam sie nach Calgary. Zunächst zog sie auf einem Rasengrundstück im Stadtteil Ramsey die Blicke auf sich, dort, wo wir gerade stehen, dann wanderte sie vorübergehend ins Depot, und schließlich fand sie ein neues Zuhause im East Village, einem mittlerweile sehr angesagten Viertel im Osten von Calgary.

Es sei ganz einfach, erklärte Oppenheim sein Kunstwerk. Etwas auf den Kopf zu stellen, führe zu einer Umkehrung der Bedeutung, und deshalb zeige ein Kirchturm, der mit der Spitze in die Erde weise, zur Hölle statt in den Himmel.

Solche Äußerungen hatten in den Kreisen streng religiöser Menschen durchaus Schockpotenzial.

Vom Stampede Park schallen wieder die Geräusche des Rodeos zu uns herüber. Eine Lautsprecherstimme lässt eine Ansage ertönen, und es kommt mir vor, als wollte uns der Sprecher daran erinnern, dass es zurzeit Wichtigeres gibt als umgedrehte Kirchen. Gleich darauf dringt ein anschwellendes, angstvolles Ooooh an unsere Ohren – anscheinend wehrt sich der Stier, den man gerade in die Arena getrieben hat, nach Kräften.

Jedes Jahr im Juli verwandelt sich der Park für zehn Tage in einen riesigen Rummelplatz mit Fahrgeschäften, Livemusik und zahlreichen Imbissbuden, die typisches kanadisches Fastfood verkaufen. Viele Besucher tragen Cowboyhüte und -stiefel, und falls noch Zubehör fehlt, ob Weste, Halstuch oder Gürtelschnalle, kein Problem, die Western-Stores auf dem Festgelände bieten alles, was der echte Cowboy braucht. Am Nachmittag finden die Rodeo-Wettbewerbe statt, und am Abend steigt eine glanzvolle Show mit zirkusähnlichen Nummern.

Nachhilfe in Sachen Rodeo

Reichlich unbedarft sind wir nach Calgary gekommen, ohne genauere Vorstellungen davon, wie sich so ein Rodeo abspielt. Wir wissen nur, dass wilde Stiere, schnelle Pferde und wagemutige Cowboys bei diesem Sport eine Rolle spielen. Wie gut, dass wir am nächsten Morgen beim Frühstück in dem kleinen B&B, wo wir übernachten, Mick und Susan treffen, ein Ehepaar aus der Provinzhauptstadt Edmonton. Susan, fröhlich, blond und füllig, schätze ich auf Anfang fünfzig. Mick, ein großer, muskulöser Typ mit braungebrannter Haut und spärlichem grauen Haar, ist wohl ein paar Jahre älter als seine Frau.

Die beiden kommen jedes Jahr zur Calgary Stampede und sind nur zu gerne bereit, unsere Wissenslücken zu füllen.

„Steer wrestling, saddle bronc, bareback riding …", zählen sie eifrig auf, bis sie merken, dass sich unsere Gesichter in Fragezeichen verwandelt haben.

Susan lächelt nachsichtig. „Fangen wir mal mit den ‚roughstock events' an, da geht es darum, sich möglichst lange auf dem Rücken eines Pferdes oder Stieres zu halten. Diese Tiere sind alles andere als zahm, wie ihr euch denken könnt, sondern buckeln die ganze Zeit, um ihren Reiter abzuwerfen. Beim ‚saddle bronc' wird mit Sattel geritten, beim ‚bareback riding' ohne. Und das ‚bull riding' ist der Ritt auf dem Stier – eine Angelegenheit, die meistens sehr schnell zu Ende ist."

„Und dann gibt es die ‚timed events'", ergreift Mick nun das Wort. „Da kommt es vor allem auf Schnelligkeit an. Zum Beispiel beim ‚steer wrestling', einer Art Stierkampf, da versucht der Cowboy, den Stier zu Boden zu zwingen …"

Aha, denke ich, vielleicht haben wir gestern tatsächlich die Geräusche eines Stierkampfs vernommen.

„Und beim ‚tie-down roping'", fährt Mick fort, „muss der Cowboy mit seinem Lasso ein Kalb einfangen und ihm dann blitzschnell die Beine zusammenbinden. Eine weitere Rodeo-Disziplin, und zwar für Frauen, ist das ‚barrel racing'. Da soll die Reiterin mit ihrem Pferd schleifenförmig und so schnell wie möglich drei Blechtonnen umrunden, die in der Arena aufgestellt sind."

„An der Calgary Stampede nehmen Profis aus aller Welt teil", erzählt Susan, „denn es locken hohe Preisgelder. Aber es werden auch Nachwuchswettbewerbe ausgerichtet. Die Kids, die auf den Ranches leben, sind ja praktisch im Sattel groß geworden, die haben schon als kleine Jungs und Mädels geholfen, Rinderherden zu treiben oder Kälber einzufangen. Es waren solche Alltagsaufgaben, aus denen die Rodeo-Disziplinen einmal hervorgegangen sind."

Auch Susan ist auf einer Ranch aufgewachsen, und als junges Mädchen, so erzählt sie stolz, habe sie so manchen Preis beim ‚barrel racing' eingeheimst. Mick legt seine Hand auf die ihre. „My Cowgirl", sagt er liebevoll.

Zwar möchte ich niemandem den Spaß verderben, dennoch drängt sich mir eine Frage auf. „Bedeutet so ein Profi-Rodeo nicht enormen Stress für Pferde und Rinder?"

„Die Veranstalter und die Besitzer kümmern sich selbstverständlich auch um das Wohl der Tiere", antwortet Susan schnell. Aber dann gibt sie zu, dass die Tierschutzorganisationen die Rodeos am liebsten verbieten würden. Denn leider komme es immer wieder vor, dass einzelne Pferde sich bei dem rauen, schnellen Sport so schwer verletzten, dass sie eingeschläfert werden müssten.

Die Cowboys kommen

Die ersten Rinderzüchter zogen in den siebziger Jahren des 19. Jahrhunderts nach Alberta. Bis 1870 hatten weite Teile des kanadischen Nordwestens der Hudson's Bay Company gehört. Das riesige Territorium wurde Rupert's Land genannt, nach Ruprecht von der Pfalz, dem ersten Gouverneur der Gesellschaft. Als nun der frisch gegründete kanadische Staat der Hudson's Bay Company ihre Besitzungen abkaufte, stand die Regierung vor der Herausforderung, Recht und Ordnung in die ausgedehnten Wildnisgebiete zu bringen. Premierminister Macdonald wollte Landnutzung und Besiedlung vorantreiben, doch kein Farmer oder Viehzüchter hätte es gewagt, sich ohne staatlichen Schutz in den abgelegenen Gegenden niederzulassen.

Aus diesem Grund wurde 1873 eine eigene Polizeiorganisation ins Leben gerufen, die North-West Mounted Police. Sie war der Vorläufer der berühmten Royal Canadian Mounted Police, kurz RCMP. Die königliche kanadische berittene Polizei nimmt nationale Aufgaben wahr und ist für alle Provinzen und Territorien zuständig, mit Ausnahme von Ontario und Québec. Zu besonderen Anlässen tragen die „Mounties" ihre prächtigen Paradeuniformen, bestehend aus roten Waffenröcken mit goldenen Knöpfen, dunkelblauen Reithosen, braunen Lederstiefeln und breitkrempigen Hüten. Im normalen Dienst sehen die Beamten und Beamtinnen der RCMP weit weniger glamourös aus, und sie sind auch nicht hoch zu Ross im Einsatz, sondern gut motorisiert.

Im Herbst des Jahres 1874 erreichte eine 300 Mann starke Truppe der North-West Mounted Police den Südwesten der heutigen Provinz Alberta und errichtete dort einen Außenposten, Fort Macleod – anfangs die einzige Polizeistation in einem Umkreis von 800.000 Quadratkilometern, einem Gebiet so groß wie Schweden und Norwegen zusammen.

Auf die Männer wartete bereits die erste Aufgabe, denn aus den USA waren Händler über die Grenze gekommen, die nichts anderes im Sinn hatten, als die ortsansässigen Ureinwohner vom Volk der Blackfoot übers Ohr zu hauen. Im Austausch für hochwertige Bisonfelle drehten sie ihnen billigen Whiskey an, was in den indianischen Gemeinschaften zu chaotischen Zuständen führte. Den Mounties gelang es, die Händler zurück über die Grenze zu drängen und auch bei den Blackfoot wieder für Frieden zu sorgen.

Um das schützende Fort herum entstanden die ersten Ranches, und aus Fort Macleod entwickelte sich die erste „cattle town“ des kanadischen Westens, ein Städtchen, dessen Wirtschaftsgrundlage die Viehzucht war.

Die neuen Siedler kamen überwiegend aus Großbritannien. Dort hatte sich die Nachricht verbreitet, welche Möglichkeiten die kanadische Prärie angehenden Rinderzüchtern bot, und so packten viele Briten ihre Habe in Koffer und Kisten, um nach Alberta überzusiedeln. Häufig handelte es sich um Landbesitzer, die ihre Ländereien verkauft hatten und dadurch über genügend Kapital verfügten, in der neuen Heimat einen großen Ranchbetrieb aufzubauen. Einen bedeutenden Aufschwung erlebte die Gegend, als die Schienenverbindung der Canadian Pacific Railway die Prärie erreichte, was den Ranchern einen Zugang zu weiter entfernten Märkten eröffnete.

Brot und Spiele

Um die Pelzhändler zu schützen und weiterhin gegen die amerikanischen Whiskey-Gauner vorzugehen, richtete die North-West Mounted Police 1875 einen weiteren Stützpunkt ein, Fort Calgary. Um das Fort herum wuchs in der Folge ein kleiner Ort, den die Bewohner Calgary nannten. Die richtige Mischung von Sonne und Regen, üppiges Grasland für hungrige Rindermägen, eine Bahnstation – das waren perfekte Bedingungen für potenzielle Siedler. Nur mussten diese auch davon erfahren.

Deshalb gründeten die führenden Leute von Calgary 1884 die „Calgary and District Agricultural Society“, eine Gesellschaft, die die Ansiedlung von Farmern und Viehzüchtern in der Region fördern wollte, und zwar unter anderem mit einer Landwirtschaftsausstellung. Die Veranstaltung zog viele Besucher an, man wiederholte sie regelmäßig, und dabei wurde sie von Jahr zu Jahr ein wenig größer, ebenso wie das Städtchen Calgary.

Als Nächstes trat der Cowboy und Bühnenkünstler Guy Weadick auf den Plan. Der schaute sich auf der Ausstellung um, fand sie ganz nett, aber doch erheblich zu langweilig, um ein echter Publikumsmagnet zu sein. Doch das ließe sich ja ändern, und zwar mit einer großen Rodeo-Show ganz im Stile des Westens!

Weadick wusste auch schon, wen man ansprechen musste, um eine solche Idee zu realisieren: die „Big Four", die vier wohlhabendsten und einflussreichsten Rancher der Gegend, George Lane, Patrick Burns, A. E. Cross und Archibald J. McLean. Die großen Vier sorgten für großzügige finanzielle Starthilfe und hatten damit die Chance, in die Geschichte der Stadt einzugehen. Was sie dann auch taten.

Es nahte der September 1912, die Spannung wuchs, das Rodeo-Fieber ergriff die ganze Stadt – und dann ließ Weadick die erste Calgary Stampede steigen, ein rauschendes, temporeiches Ereignis, eingeleitet mit einer großen Parade von Cowboys in voller Montur, Ureinwohnern in Festtracht und Prominenz in Gestalt von altem Erb- und neuem Geldadel. Dann folgten Rodeo und Wildwest-Show, begleitet von allerlei anderen Vergnügungen. Rancher und Farmer hatten bereits die Ernte eingefahren und fanden somit Zeit, mit ihren Familien die Stampede zu besuchen. Weil exorbitant hohe Preisgelder winkten, kamen Rodeo-Reiter aus allen Teilen Nordamerikas nach Calgary.

Übersetzt heißt „stampede" übrigens „wilde Flucht", es kann aber auch „Massenandrang" bedeuten, und so passt es in jedem Fall auf alle Teilnehmer, die freiwilligen wie die unfreiwilligen.

Im Jahr 1923 wurde das Rodeo-Fest mit der landwirtschaftlichen Ausstellung kombiniert, und seitdem heißt die Veranstaltung Calgary Exhibition and Stampede. In jenem Jahr dachte sich Weadick etwas Neues aus, das bis heute fester Bestandteil des Programms ist, das spektakuläre „chuckwagon racing".

Chuckwagon, so wurden die Küchenwagen genannt, die die Cowboys auf den großen Viehtrieben des 19. Jahrhunderts begleiteten, doch die eigens für ein solches Rennen gebauten Wagen enthalten natürlich keine Kochutensilien. Auf jedem Wagen sitzt ein Kutscher, der ein Gespann von vier Pferden lenkt. Begleitet wird jedes Wagengespann von mehreren Reitern, die zum Team gehören. Wenn die Gespanne in einem halsbrecherischen Tempo über die Rennstrecke regelrecht zu fliegen scheinen, dann bekommen die Zuschauer auf den Tribünen wirklich eine wilde Flucht zu sehen.

Brot und Spiele – das alte Rom hätte seine Freude an der Stampede gehabt. Und ich? Am Niederrhein aufgewachsen, in Gärten und Höfen Cowboy und Indianer gespielt, seit Jahrzehnten Stadtbewohner und Naturromantiker; dass es mir an Verständnis fürs Rodeo fehlt, mögen nette Menschen wie Mick und Susan und all die anderen in Calgary mir verzeihen.

Bloody Caesar – kanadischer National-cocktail

Zutaten für 1 Cocktail:

45 ml Wodka
120 ml Clamato-Saft
Eiswürfel
2 Spritzer Worcestersoße
1 Tropfen Tabasco
Schwarzer Pfeffer
1 Limette
Selleriesalz
Salz
1 Selleriestange

Zubereitung:

Salz und Selleriesalz auf einen Teller streuen. Den Rand eines hohen Glases mit einer Limettenspalte befeuchten. Glas mit dem Rand in die Salzmischung tauchen. Eiswürfel, Wodka und Clamato-Saft in das Glas füllen. Mit Pfeffer, Worcestersoße und Tabasco würzen. Alles gut verrühren. Mit einer Limettenscheibe und einem Stück Stangensellerie garnieren und sofort servieren.

Bei Clamato handelt es sich um ein Gemisch aus Tomatensaftkonzentrat und Muschelbrühe, das man in Kanada fertig kaufen kann. Walter Chell, der Restaurantmanager des Calgary Inn (heute Westin Hotel) in Calgary, verwendete Clamato als Grundzutat für seinen „Bloody Caesar", den er 1969 für das neue italienische Restaurant des Hotels kreierte. Der originelle Cocktail wurde schnell zu einem beliebten Getränk in ganz Kanada.

Schmutziges Öl – die Ölsande in Alberta

„Ich habe noch nie so viel Geld verdient", sagte der Mann und lächelte stolz. „Endlich müssen wir nicht mehr jeden Cent umdrehen." Er arbeite in Fort McMurray, aber jetzt fahre er nach Hause zu seiner Frau und den vier Kindern.

„Sie arbeiten sicher auf den Ölfeldern", sagte ich.

Er nickte. „Ich bin Mechaniker. Irgendetwas geht immer kaputt, da brauchen sie einen wie mich." Plötzlich wurde sein Blick eindringlich. „Glauben Sie nicht alles, was Sie hören! Es gibt so viele negative Berichte ..."

Wir wussten, was er meinte. Fort McMurray liegt inmitten einer riesigen Öllagerstätte, den Athabasca Oil Sands im Nordosten von Alberta. Aus dem Ölsand, der auch Teersand genannt wird, Rohöl zu gewinnen, ist ein sehr aufwendiger Prozess, der die Umwelt stark belastet. Die einen wollen den Ölsandabbau nur als Jobmotor und Wirtschaftsfaktor sehen, das Beste, was Alberta passieren konnte, die anderen dagegen betrachten ihn als Umweltkatastrophe ungeheuren Ausmaßes.

Wir waren dem Mechaniker in einem Tim-Hortons-Café am Highway begegnet. Nach unserer kurzen Unterhaltung trank er seinen Kaffee aus und ging zur Tür, und gleich darauf sahen wir, wie er in einen nagelneuen Geländewagen einstieg.

Warum gibt es Erdöl in Alberta? Das liegt daran, dass die Region vor Millionen von Jahren von einem tropischen Ozean bedeckt war. Im Süden von Alberta begann sich Öl zu bilden, als winzige Meerestiere starben und zum Meeresboden hinabsanken. Im Laufe der Zeit wurde das organische Material durch Hitze und Druck zusammengepresst und schließlich in Erdöl umgewandelt. Nun kommen die Rocky Mountains ins Spiel. Die tektonischen Platten, die sich zu der Gebirgskette auffalteten, drückten das Öl nach Norden, dorthin, wo Flüsse über lange Zeit reichlich Sand und Sediment abgelagert hatten. Das Öl sickerte in den Sand – fertig war der Ölsand.

Das Öl-Sand-Gemisch besteht aus durchschnittlich 83 Prozent Sand, 10 Prozent Bitumen, 4 Prozent Wasser und 3 Prozent Ton. Als Bitumen bezeichnet man eine halbfeste Variante des natürlichen Erdöls. Benannt wurde die Lagerstätte nach dem Athabasca River, der mitten durch das Gebiet fließt.

James Knight, ein Händler der Hudson's Bay Company, staunte, als er am Ufer des Flusses Spuren des Bitumens bemerkte. Es scheine sich um eine Substanz wie Gummi oder Pech zu handeln, schrieb er 1715 in sein Tagebuch. Die Ureinwohner der Gegend, die Cree und die Dene First Nations, kannten und nutzten die zähe, ölige Masse schon seit langem. Sie vermischten das Bitumen mit Fichtenharz und dichteten damit ihre Kanus ab.

Im Laufe der Jahrzehnte untersuchten verschiedene Wissenschaftler das Phänomen, und schon 1888 wurde die Vermutung geäußert, dass es sich hier um das größte Ölfeld Nordamerikas und womöglich der ganzen Welt handeln könnte. Als dann immer mehr Autos über die Straßen rollten, war den Chemikern klar, dass die Ölsande als Rohstoff für Benzin und Dieselöl taugten – theoretisch. Was noch fehlte, war eine wirtschaftliche Methode, mit deren Hilfe sich das Öl vom Sand trennen ließ.

Die Ölpioniere

„Das muss doch irgendwie gehen!", sagte sich der Chemiker Karl Clark und experimentierte so lange in seinem Labor im Keller der University of Alberta in Edmonton, bis es ihm gelang, das Bitumen mithilfe von Druck und heißem Wasser aus den Sandbrocken zu lösen, die er vom Athabasca River mitgebracht hatte. Sein Verfahren wurde 1929 patentiert.

Es sollte allerdings noch Jahrzehnte dauern, bis Clarks Methode im industriellen Maßstab zur Anwendung kam, und das lag am Ölpreis. In anderen Weltgegenden sprudelte das Erdöl munter aus dem Boden, billig und in großen Mengen. Unter diesen Umständen brauchten die Kanadier erst gar nicht anzufangen, ihren Ölsand, dem die kostbare Substanz so schwer zu entlocken war, abzubauen.

In der Ölindustrie gab es jedoch auch Menschen, die in die Zukunft schauten, zum Beispiel J. Howard Pew, der Präsident der US-amerikanischen Sun Oil Company. „Wenn wir die Erdölreserven, die im Boden Albertas lagern, erschließen", sagte er voller Überzeugung, „haben wir die Möglichkeit, die Versorgung Nordamerikas bis weit in die Zukunft hinein sicherzustellen."

Sun Oil eröffnete 1967 in Fort McMurray eine 250 Millionen US-Dollar teure Anlage, die 45.000 Barrel (7.154 Kubikmeter) Rohbitumen am Tag produzieren konnte, und damit begann die kommerzielle Ausbeutung der Ölsande. Die Ingenieure und Techniker mussten Pionierarbeit leisten, und es dauerte noch mehrere Jahre, bis die technischen Probleme bewältigt waren. Das Werk gehört inzwischen zu Suncor Energy.

Im Jahr 1978 kam die Produktionsanlage von Syncrude hinzu, bereits auf eine erheblich größere Leistung ausgelegt als das Pionierwerk. Doch erst um die Jahrtausendwende, als die Weltmarktpreise für Rohöl stetig nach oben zu klettern begannen, nahm der Ölsandabbau wirklich Fahrt auf, wie eine Maschine, die lange am Boden herumgerollt war und nun endlich zum Höhenflug abhob. Fort McMurray, in den sechziger Jahren noch ein verschlafenes Nest mit 2.000 Einwohnern, verwandelte sich in eine Boomtown. Heute leben in der Stadt rund 67.000 Menschen.

Kanada verfügt, nach Saudi-Arabien und Venezuela, über die drittgrößten Erdölreserven der Welt, und davon stecken 98 Prozent in den Ölsanden. Die Athabasca Oil Sands, die größte Lagerstätte von Rohbitumen weltweit, und zwei kleinere Ölsandgebiete in der Nachbarschaft, Peace River und Cold Lake, umfassen zusammen rund 140.000 Quadratkilometer, eine Fläche doppelt so groß wie Irland.

Wenn sich der Rohstoff in einer oberflächennahen Schicht befindet, die nicht tiefer als 70 Meter reicht, kann er im Tagebau gewonnen werden. Dann brechen riesige Bagger den Ölsand aus dem Boden und laden ihn auf überdimensionale Muldenkipper. Die wiederum bringen ihre Ladung zu Förderbändern, wo die Brocken zur Weiterverarbeitung transportiert werden. Zugänglich für den Tagebau sind jedoch nur etwa zwanzig Prozent der Gesamtfläche.

Und wie kommt man an eine tiefer liegende Ölsandschicht heran? Das geschieht im sogenannten In-situ-Verfahren, und die entsprechende Technologie nennt sich Steam Assisted Gravity Drainage (SAGD). Dabei bohren die Ingenieure senkrecht in den Erdboden, bis das Sand-Bitumen-Gemisch erreicht ist. Von dort verläuft die Bohrung horizontal. Anschließend presst man heißen Wasserdampf in die Lagerstätte. Das Bitumen wird dadurch erweicht, mischt sich mit dem Kondenswasser und kann nun abgepumpt werden. Das klingt einfach, ist aber erheblich kostspieliger als der Tagebau.

Der Ölsandabbau in Alberta gilt als das größte Industrieprojekt der Erde, und obwohl die Ölpreise wieder gesunken sind, soll sich die Fördermenge bis 2040 nahezu verdoppeln. Hauptabnehmer sind die USA.

Wo kein Gras mehr wächst

Der Name „Athabasca" stammt aus der Sprache der Cree-Indianer und bedeutet „ein Ort, an dem überall Gras wächst". Doch vielerorts im Gebiet der Athabasca Oil Sands wächst buchstäblich kein Gras mehr. Riesige Flächen des borealen Nadelwaldes wurden abrasiert, die Moore abgetragen. Kettensägen und Bagger haben alles Leben vernichtet. Was bleibt, ist die öde Mondlandschaft des Tagebaus.

An den Ufern des Athabasca River reihen sich die Absetzbecken der Industrie auf, mit einer Abwassermenge, die ausreichen würde, mehr als 500.000 Schwimmbecken olympischer Größe zu füllen. Was sich in den Teichen sammelt, erinnert stark an den Chemieunterricht: Benzol, Arsen, Zyanid, Cadmium, Quecksilber und dergleichen mehr. Dieser Cocktail ist so giftig, dass Vögel mit Schreckschusskanonen davon abgehalten werden, sich auch nur in die Nähe zu wagen.

Studien haben ergeben, dass täglich 11 Millionen Liter der toxischen Brühe in den Athabasca River sickern, und der wiederum nimmt die Chemikalien mit bis zu seiner Mündung am Lake Athabasca. In Fort Chipewyan, einem Dorf am Südufer des Sees, haben Krebs und Immunschwächekrankheiten der zumeist einheimischen Bevölkerung in den letzten 20 Jahren stark zugesetzt. Die Fische im See weisen in zunehmendem Maße Deformitäten auf, und auch das Wild, das die Ureinwohner jagen, ist kontaminiert.

Das Gesetz sieht vor, dass die zerstörte Landschaft eines Tages renaturiert, aufgeräumt und gesäubert wird. So als wäre Alberta eine schmuddelige Werkstatt, in der irgendwann eine Putzkolonne auftaucht, alles schrubbt und wienert und am Schluss noch ein paar Blümchen hinstellt.

Der ökologische Fußabdruck des Industrieprojekts ist der eines Giganten. Der Ölsandabbau verbraucht viel Energie und Wasser, und die Schornsteine pusten reichlich Treibhausgase und Feinstaub in die Luft. Die Ölindustrie verweist gerne darauf, was in den letzten Jahren alles unternommen wurde, um besagten Fußabdruck zu verkleinern. Doch das Imageproblem bleibt.

Geht denn niemand auf die Barrikaden? Kritik muss man sich leisten können. Jemand, der eine Familie zu versorgen hat und deshalb von seinem Job in der Ölindustrie abhängig ist, hält sich verständlicherweise zurück. Vor einigen Jahren formierte sich die „Treaty Alliance Against Tar Sands Expansion", eine Protestbewegung der Ureinwohner gegen die Ausweitung des Ölsandabbaus.

Im Mittelpunkt des Protests steht die Keystone-Pipeline, die Rohrleitung, die das Rohbitumen zu den Erdölraffinerien in den USA transportiert. Die geplante vierte Bauphase, Keystone XL, stieß auf heftigen Widerstand von Umweltschützern und wurde zum Symbol für den Kampf um Klimawandel und fossile Brennstoffe. US-Präsident Barack Obama stoppte den Bau von Keystone XL, Amtsnachfolger Donald Trump genehmigte ihn wieder. Ob die Ölindustrie damit einen triumphalen Sieg errungen hat, wird sich herausstellen.

Ach, Alberta, du bist so schön! Nur oben im Nordosten, wo die Landschaft aussieht, als hätte man ihr die Haut abgezogen, da packt einen das Grausen.

Moose Steaks – Filetsteaks vom Elch

Zutaten für 4 Personen:

500 – 700 g Elchlende
30 g Maisstärke
1 El gemahlener Senf
1 Tl Salz
½ Tl Pfeffer
2 El Rapsöl
4 Tomaten
1 Zwiebel
1 Möhre

Zubereitung:

Elchlende in dicke Scheiben schneiden. Maisstärke, Senf, Salz und Pfeffer vermischen. Die Scheiben mit der Hälfte der Mischung einreiben, danach mit einem Fleischklopfer bearbeiten und anschließend mit der anderen Hälfte der Mischung einreiben. Beide Seiten noch einmal mit dem Fleischklopfer bearbeiten. Öl in eine heiße Pfanne geben und die Lendenscheiben darin bräunen. In eine gefettete Auflaufform mit Deckel geben.

Backofen auf 180°C vorheizen. Tomaten abbrühen, enthäuten und in Würfel schneiden. Möhre in kleine Würfel, Zwiebel in feine Ringe schneiden. Lendenscheiben mit Tomaten, Möhre und Zwiebel bedecken.

Auflaufform abdecken und die Elchlende 1 ¼ – 1 ½ Stunden backen, bis das Fleisch zart ist. Dazu passen gekochte Nudeln.

Wohnen wie im Mittelalter – das Stone Hall Castle in Regina

Heimtückisch kam er angekrochen, streckte seinen langen weißen Rüssel aus der dunkelgrauen Wolkendecke in Richtung Erde, bis er auf festen Boden stieß – und dann heulte er los. Mit Donnern, Tosen und einem unheimlichen Knistern tobte er über das Land. Alles, was in seinem Weg lag, zermalmte er in seinen gnadenlosen Windwirbeln, und als er abgezogen war, lag hinter ihm eine zerstörte Stadt: Regina, die junge Hauptstadt der Provinz Saskatchewan.

Es war der 30. Juni 1912, ein Sonntag. Gegen fünf Uhr nachmittags braute sich etwa 18 Kilometer südlich von Regina ein Tornado zusammen und setzte sich Richtung Norden in Bewegung. Unterwegs demolierte er Höfe und Scheunen, dann fiel er über die Stadt her. Er knickte Bäume ab, als wären es Streichhölzer, drückte Fenster ein, deckte Dächer ab und ließ Dachstühle herunterkrachen. Auf dem Betriebsgelände der Eisenbahn warf er Güterwagen und Lagerschuppen um, in den Wohngebieten kippte er Holzhäuser auf die Seite. Und überall dort, wo er gerade wütete, wirbelten Trümmerteile als tödliche Geschosse durch die Luft. Nachdem er wie ein Riesenbesen durch die Stadt gefegt war, zog er weiter, um sich nach zwölf Kilometern endlich aufzulösen.

Alte Schwarzweiß-Aufnahmen dokumentieren das Zerstörungswerk. Erst sechs Wochen zuvor war die prächtige neue

Zentralbibliothek eröffnet worden, ein Steingebäude mit Säulenportal. Jetzt sieht man eine Ruine mit leeren Fensterhöhlen. Ein anderes Bild zeigt einen Hügel von Schutt und Trümmern. Wagenräder ragen daraus heraus. Von dem Auto, einem der ersten in Regina, ist nichts als ein Haufen Schrott geblieben. Doch der Besitzer, der mit starrer Miene auf diese Szene blickt, kann von Glück sagen, dass zumindest sein Haus noch steht.

Der Tornado von Regina gilt als eine der schlimmsten Naturkatastrophen in der Geschichte Kanadas. Die Stärke des Sturms, so schätzt man, entsprach der Stufe 4 auf der 1971 entwickelten Fujita-Skala, die von 0 bis 5 reicht. Stufe 4 bedeutet: verheerende Schäden.

Während des Sturms wurden hunderte von Menschen verletzt, 28 von ihnen tödlich. Die Schäden an den Gebäuden beliefen sich auf eine Summe von 1,2 Millionen Dollar, nach heutigem Wert 485 Millionen Dollar. Doch die Bewohner hielten sich nicht lange damit auf, ihre Verluste zu beklagen. Sie krempelten die Ärmel hoch und bauten die meisten öffentlichen Gebäude, Wohn- und Geschäftshäuser innerhalb eines Jahres wieder auf. Es dauerte allerdings fast 40 Jahre, bis sämtliche Kredite zurückgezahlt werden konnten.

Die Stadt war 1882 mitten im Nirgendwo des weiten Graslandes der Prärie gegründet worden, als zukünftiger Regierungssitz der Nordwest-Territorien. Dazu gehörte zu jener Zeit auch das Gebiet des späteren Saskatchewan. Die Anfänge der Hauptstadt gestalteten sich jedoch bescheiden. Die Ureinwohner nannten den Ort Wascana, Knochenhaufen, weil dort ganze Stapel von Bisonknochen lagen. Entsprechend hieß er bei den englischsprachigen Neuankömmlingen „Pile-of-Bones“.

„Das ist doch kein Name für eine zukünftige Provinzhauptstadt“, empörte sich Prinzessin Louise, Herzogin von Argyll und Ehefrau des damaligen Generalgouverneurs von Kanada. Sie hatte eine bessere Idee und benannte die Stadt zu Ehren ihrer Mutter, Queen Victoria. Das lateinische Wort Regina bedeutet Königin und klingt doch deutlich passender als Pile-of-Bones.

Die britische Regentin verstarb im Jahr 1901, doch ihre Stadt blühte auf, nur kurz unterbrochen durch den Tornado, und entwickelte sich zur Königin der Prärie, eine moderne City mit den obligatorischen Bürotürmen, aber auch mit Seen und ausgedehnten Parkanlagen mitten in der Stadt. Und mit einer in ganz Kanada bekannten Bildungseinrichtung, der RCMP Academy. Alle Polizeikräfte, die zur Royal Canadian Mounted Police gehören, haben in Regina ihre Grundausbildung absolviert.

Der Bauernjunge von der Insel

In meinem Bücherregal steht ein schmales Taschenbuch mit dem Titel *The Wonderful Wizard of Oz*, von L. Frank Baum. Das Buch beginnt damit, dass ein kleines Farmhaus in Kansas samt der Hauptfigur Dorothy, die dort lebt, von einem Prärie-Tornado hinweggetragen wird.

Das Buch wurde im Jahr 1900 veröffentlicht, und sicher hatte Annie Darke, die in Regina lebte, es irgendwann einmal ihren Kindern vorgelesen. Immer mit der beruhigenden Überzeugung, dass es Stürme, die ganze Häuser weit hinauf in die Lüfte hoben, nur in der Phantasie gab. Nach jenem Sonntag im Juni 1912 jedoch mag ihre Überzeugung ins Wanken geraten sein. Das Haus, in dem sie mit ihrem Ehemann Francis wohnte, war bei dem Sturm stark beschädigt worden, und seitdem lebte sie in einer solchen Angst vor Tornados, dass es schon an eine Phobie grenzte.

Francis Darke liebte seine Frau sehr und hatte viel Verständnis für ihre Ängste. „Liebling", sagte er, „ich verspreche dir, ich werde uns ein Haus bauen, das so fest und sicher steht, dass kein Tornado ihm etwas anhaben kann."

Allerdings musste Annie noch eine Weile in ihrem Domizil in der Victoria Street ausharren. Francis kaufte ein Grundstück an der College Avenue und begann das zukünftige Haus sorgfältig zu planen. Es sollte 13 Jahre dauern, bis Annie einziehen konnte.

Francis Nicholson Darke gehörte zu den führenden Bürgern Reginas. Er stammte von Prince Edward Island, wo er 1863 als Sohn eines Farmers geboren wurde. Nachdem er auf der elterlichen Farm alles gelernt hatte, was man über Ackerbau und Viehzucht wissen musste, zog er 1891 nach Regina. Hier, in der Weite der Prärie, konnte sich ein Mann mit großen Plänen und Ideen erheblich besser entfalten als auf der kleinen Insel im Golf von Sankt Lorenz. Allein schon deshalb, weil Weide- und Ackerland spottbillig zu haben waren.

Ein Jahr später kehrte er noch einmal zurück, um seine große Liebe Annie Elizabeth McKinnon zu heiraten. Bei diesem Aufenthalt traf er einen alten Freund, und die beiden Männer beschlossen, im Westen zusammen eine Ranch aufzubauen. Annie bereitete währenddessen alles für ihre Abreise vor.

Darke besaß einen ausgezeichneten Riecher fürs Business. Viehzucht und Fleischproduktion warfen ordentliche Gewinne ab, und nach einigen Jahren hatte er genug Geld erwirtschaftet, um in Regina mehrere große Grundstücke zu erwerben und ins Immobiliengeschäft einzusteigen. Dieser Geschäftszweig wiederum erwies sich als so profitabel, dass Darke seine Rinderherden verkaufte und eine neue Karriere als Projektentwickler begann. Im Alter von 35 Jahren wurde er Bürgermeister von Regina, bis heute der Jüngste, der jemals dieses Amt angetreten hat.

Reichtum verpflichtet, dachte er, und spendete einen Teil seines Vermögens für den Bau einer Universität und einer Konzerthalle, der Darke Hall, die ebenso wie die Hochschule auch heute noch existiert. Der großzügige Spender sorgte dafür, dass die Halle auf der anderen Straßenseite direkt gegenüber von seinem Wohnhaus entstand, denn er war ein Liebhaber der schönen Künste. Gerne besuchte er die Vorführungen, zu seinen Lebzeiten und, wie man munkelte, sogar noch darüber hinaus. In der Stadt kursierte jahrelang das Gerücht, er habe die beiden Gebäude durch einen Tunnel miteinander verbunden. Es wäre ihm jedenfalls zuzutrauen gewesen.

Eine Burg für Annie

Und wie ist es Annie in all den Jahren ergangen? Nach dem Tornado von 1912 hatte sie kaum noch eine ruhige Minute. Die Kinder gingen inzwischen eigene Wege, und wenn Annie nicht gerade bei Freundinnen eingeladen war oder an Wohltätigkeitsveranstaltungen teilnahm, saß sie zitternd zu Hause und dachte daran, dass sich jederzeit wieder ein schrecklicher Tornado nähern könnte.

Ihr Mann jedoch scheute keine Anstrengung, seiner geliebten Annie eine sturmsichere Festung zu errichten. Das Parlamentsgebäude in Regina, so überlegte er, hatte bei dem Tornado kaum Schaden genommen, kein Wunder, bestand es doch aus dicken Kalksteinblöcken. Und genau dieses Baumaterial würde er für sein neues Haus auch herbeischaffen lassen, ganz gleich, was es kostete.

„Das würdest du für mich tun?“, fragte Annie hoffnungsvoll. Sie fühlte sich schon gleich ein wenig sicherer, auch wenn die geplante Festung bisher nur aus Bauzeichnungen bestand.

Nur die erfahrensten Handwerker des Westens arbeiteten auf der Baustelle, und nur die besten Materialien waren Darke gut genug. Steinmetze setzten die Kalksteinquader zu massiven Mauern und Wänden zusammen, Zimmerleute errichteten einen Dachstuhl mit Balken aus dem widerstandsfähigsten Holz, und anschließend kamen die Dachdecker und deckten das Dach mit robusten Schieferplatten. Diese Bauqualität mag aus europäischer Sicht kaum außergewöhnlich erscheinen, doch in Regina baute man Privathäuser nicht für die Ewigkeit, und schon gar nicht im Stil einer Burg, die durchaus den Geschmack des europäischen Adels getroffen hätte.

Das Haus erhielt einen Namen, der Schutz und Sicherheit versprach: Stone Hall Castle. Damit Annie sich aber nicht nur sicher fühlte, sondern auch einen zeitgemäßen Komfort genießen konnte, ließ Darke die Räumlichkeiten im Inneren modern einrichten. Der lang ersehnte Umzug an die neue Adresse fand 1926 statt, und die frischgebackene Burgherrin fühlte sich sofort pudelwohl. Sämtliche Ängste fielen von ihr ab. Was für eine Erleichterung, nicht mehr an die Wiederkehr dieses grausamen Sturms denken zu müssen! Ganz gleich, was die Natur sich in Zukunft ausdenken mochte, das neue Heim würde allem standhalten, ob Tornados, sintflutartigen Regengüssen oder Erdbeben.

Nach dem Tod ihres Mannes 1940 wohnte Annie alleine in den schützenden Mauern und wurde steinalt. Sie starb 1964 im Alter von 95 Jahren.

Die Geister sind schon da

Nach Annies Tod stand das stattliche Gebäude mit den vielen Zimmern einige Jahre leer. Es war unmodern geworden, niemand wollte in einem solch großen, verwinkelten Haus wohnen. Schließlich wurde es von einem Bestattungsunternehmer gekauft, der dort ein Beerdigungsinstitut einrichtete. Das Haus zeigte sich der neuen Aufgabe gewachsen und bildete einen würdevollen Rahmen für Bestattung und Trauerfeier.

Im Laufe der nächsten 30 Jahre geriet der Name Darke allmählich in Vergessenheit, stattdessen verbanden die meisten Leute in Regina die Adresse nur noch mit dem Bestattungsinstitut. Fast jeder, der bereits längere Zeit in der Stadt wohnte, hatte schon einmal im Trauersaal dort gesessen, um einem Verwandten oder Freund ein letztes Mal Adieu zu sagen.

Im Jahr 2003 wechselte das Gebäude erneut seinen Besitzer. Jason Hall, ein ehemaliger Profi-Eishockeyspieler, verliebte sich in Annies Burg. Hall stammte aus Regina, hatte aber zwölf Jahre in Deutschland verbracht, um dort für verschiedene Vereine in Nord und Süd übers Eis zu jagen. Danach kam er zurück, hängte die Profi-Karriere an den Nagel und investierte in Immobilien.

Mit den Bildern der deutschen Burgen und Schlösser im Kopf schaute er sich in Regina um, und als er Stone Hall Castle sah, das gerade zum Verkauf stand, wusste er sofort, dass er hier seinen Traum verwirklichen konnte: zu wohnen wie ein Burgherr im Mittelalter.

Das Haus sah massiv, solide gebaut und unauffällig teuer aus. Jason Hall gefielen die Säulen, die die Haustür rahmten, die Erker, Dachgauben und Schornsteine. Das Äußere wollte er weitgehend erhalten, doch ansonsten ließ er seiner Phantasie freien Lauf. In den darauffolgenden 13 Jahren vollzog sich innerhalb der Mauern eine geheimnisvolle Verwandlung: Stone Hall Castle wurde um mehrere Jahrhunderte zurück in die Zeit versetzt.

Übrigens sehr zur Freude der unsichtbaren Bewohner. Geschätzte 10.000 Tote hatten in all den Jahren eine Zeitlang in Stone Hall Castle verweilt, und dabei waren einzelne Geister in dem Gemäuer verblieben, um fortan hier herumzuspuken.

Als der letzte Handwerker sein Werkzeug eingepackt hatte, zog Hall in die neue alte Burg ein. Man kann sie heute besichtigen, denn der stolze Besitzer ist gerne bereit, Besucher durch sein Domizil zu führen. In einigen Räumen dürfen auch Gäste übernachten, bei einem Zimmerpreis von rund 1.000 Dollar pro Nacht allerdings hält sich die Nachfrage in Grenzen.

Wer sich von außen nähert, mag denken: ein schönes altes Gebäude. Im Inneren jedoch entfaltet das Haus sein ganzes mittelalterliches Gepräge, mit hohen Wänden und Fenstern, dunklen Holzdecken, riesigen Kaminen und schweren Türen. Massive Möbelstücke aus gedrechseltem Holz stehen wie festgewachsen auf dem Steinboden, als Wandschmuck dienen Ahnenbilder in Goldrahmen und geschnitzte Wappen. Auf zahlreichen Leuchtern flackern dicke Kerzen, deren Wachs langsam und beharrlich heruntertropft. Im großen Saal vor dem Kamin liegt ein Bärenfell mit vollständig erhaltenem Kopf. Bedrohlich reißt das ausgestopfte Tier seinen Rachen auf. Gleich wird eine der dunklen Türen mit einem nervenzerrenden, langgezogenen Knarren ganz von alleine aufgehen, wie von Geisterhand bewegt ... Jeder Fan der Fantasy-Serie Game of Thrones hätte seine Freude an dieser Ausstattung!

So verfügt die Königin der Prärie seit Neuestem über eine mittelalterliche Burg in ihrem Stadtbild. Sie steht ihr gut.

Saskatoon Perogies – Piroggen mit einer Füllung aus Saskatoon-Beeren

Zutaten für etwa 3 Dutzend Piroggen:

420 g Mehl
½ Tl Backpulver
¼ Tl Salz
190 ml Milch
2 El neutrales Öl
1 großes Ei
85 ml Wasser

130 g Zucker
1 El Mehl
200 g Saskatoon-Beeren oder Blaubeeren
2 El Butter
Crème fraîche

Zubereitung:

Mehl, Backpulver und Salz in einer Schüssel mischen. In einer anderen Schüssel Milch, Öl und Ei verrühren und zu den anderen Zutaten geben. Nach und nach Wasser hinzugeben und alles verkneten, bis der Teig weich und leicht klebrig ist. Schüssel mit einem Tuch abdecken und 20 Minuten ruhen lassen.

Für die Füllung Zucker und 1 El Mehl vermischen und die Beeren darin wälzen. Den Teig auf einer bemehlten Oberfläche etwa ½ cm dick ausrollen. Kreise ausstechen, etwa 7,5 cm im Durchmesser. Jedes Teigstück ein wenig dehnen, mit 1 El Füllung belegen und zu einem Halbkreis zusammenklappen. Ränder zusammendrücken.

Einen großen Topf mit leicht gesalzenem Wasser zum Kochen bringen und die Piroggen portionsweise garen, bis sie oben schwimmen, etwa 10 Minuten. Eine große Pfanne bei mittlerer Hitze heiß werden lassen und reichlich Butter hineingeben. Mit einem Schaumlöffel die gekochten Piroggen in die heiße Pfanne geben und auf jeder Seite goldgelb und knusprig braten. Mit Crème fraîche servieren.

Die Launen des roten Flusses – die Präriemetropole Winnipeg

Der Red River hatte schon immer seine Launen. Ebenso wie der Mississippi entspringt er im Norden des Mittleren Westens der USA und beginnt seinen Lauf als bescheidener kleiner Bach. Und noch am Ende der letzten Eiszeit flossen beide Wasserläufe einträchtig gemeinsam nach Süden. Bis sich die Gletscher zurückzogen. Auf einmal änderte der Red River seine Richtung und wandte sich nach Norden, so als wäre er neugierig geworden, wie es da oben wohl aussah. Eine weite Senke, geformt von den Gletschern mit ihrem enormen Gewicht, gab ihm die neue Fließrichtung vor – und das ist gut so, denn sonst wäre die Präriemetropole Winnipeg nie entstanden.

Der Red River trägt seinen Namen wegen seines schlammigen, rotbraunen Wassers. Wenn er die Grenze zwischen den USA und Kanada überquert, liegen bereits mehr als zwei Drittel seines Verlaufs hinter ihm. Auf einer Strecke von rund 250 Kilometern durchströmt er nun die Provinz Manitoba, gemächlich und in zahlreichen Schleifen, um sich schließlich in den Lake Winnipeg zu ergießen. Der See wiederum ist durch den Nelson River mit der Hudson Bay verbunden.

Dort, wo sich heute die Innenstadt von Winnipeg ausbreitet, vereinigt sich der von Westen herbeifließende Assiniboine River mit dem Red River. „The Forks", so wird diese Flussgabelung genannt. Die Gegend um The Forks bildet die Keimzelle der Stadt. Hier spielte sich, wie auf einer Bühne, ein bedeutender Teil der Geschichte Kanadas ab.

Bevor moderne Eisenbahnstrecken und Straßen gebaut wurden, stellte der Zusammenfluss der beiden Wasserwege einen wichtigen Verkehrsknotenpunkt dar. Über die beiden Kanurouten, die sich hier verbanden, konnten Ureinwohner aus weit entfernten Siedlungsgebieten in einen Austausch miteinander treten. So entstand ein ausgedehntes Handelsnetz. Archäologen haben bei ihren Ausgrabungen Überreste von Feuerstellen gefunden, die darauf hindeuten, dass sich schon vor 6.000 Jahren Menschen an diesem Ort versammelten und am Flussufer ihr Lager aufschlugen.

Ab 1734 sollte sich das Leben der Ureinwohner schneller wandeln als jemals zuvor, denn auf den Kanurouten kamen nun auch europäische Pelzhändler ins Land. Sie brachten nicht nur Tauschwaren wie Waffen, Messer, Werkzeuge und Decken mit, sondern auch fremde Sitten und Glaubensvorstellungen, dazu Krankheiten, auf die das Immunsystem der Einheimischen nicht vorbereitet war. Masern, Grippe, Pocken oder Tuberkulose forderten viele Todesopfer unter den Ureinwohnern.

Verkehrsgünstig gelegen und mit viel Potenzial

In den darauffolgenden Jahrzehnten wurden in der Gegend des heutigen Winnipeg mehrere Handelsstationen gebaut. Den Anfang machte 1738 Fort Rouge, dann folgten Anfang des 19. Jahrhunderts Fort Gibraltar, der Handelsposten der North West Company, und Fort Douglas, der Stützpunkt der Hudson's Bay Company.

In Europa war die Nachfrage nach Biberpelzen groß, und die beiden großen Handelsgesellschaften, die mit verbriefter Erlaubnis der britischen Krone agierten, konkurrierten erbittert um Ressourcen und Marktanteile. So lange, bis die britische Regierung 1821 einen Zusammenschluss forcierte. Das gemeinsame Territorium, Rupert's Land und das North-Western Territory, reichte danach von der Hudson Bay bis zum Pazifik. Und in diesem riesigen Gebiet besaß das neue Unternehmen mit dem alten Namen Hudson's Bay Company nun das Pelzhandelsmonopol.

Im Jahr 1822 wurde Fort Gibraltar in Fort Garry umbenannt, und rund um die Handelsstation wuchs eine kleine Siedlung. Die allerdings hatte es nicht eilig, eine richtige Stadt zu werden. Wer hätte sich dort auch niederlassen sollen? Der einzige Arbeitgeber war die Hudson's Bay Company, und deren Angebot an Jobs hielt sich in Grenzen.

Immerhin hielt es die Verwaltung von Rupert's Land 1855 für angebracht, am Red River ein Postamt einzurichten. Ein Postmeister mit Namen William Ross eröffnete das erste Postamt des Nordwestens im eigenen Haus, einer grob gezimmerten Blockhütte. Da Ross weder über Briefmarken noch Stempel verfügte, behalf er sich damit, dass er jeden Brief mit dem handschriftlichen Vermerk „Red River, B.N.A." (British North America) versah. Befördert wurden die Briefe per Pferdekurier oder Hundeschlitten, je nach Jahreszeit.

Nur wenige Jahre später legten sogar schon Schaufelraddampfer an der hölzernen Pier an, und eines Tages ging dort ein Mann von Bord, der große Pläne für die kleine Siedlung hatte. Nun, sie war nicht der Nabel der Welt, doch immerhin lag sie an einem bedeutenden Verkehrsknotenpunkt. Henry McKinney, so hieß der Mann, kaufte ein bestehendes großes Holzgebäude und wandelte es in ein Hotel um, dem er den anspruchsvollen Namen „The Royal Hotel" gab. Es war die erste Unterkunft dieser Art in der Region des heutigen Manitoba.

Weil die Geschäfte gut liefen, eröffnete McKinney 1862 auch noch einen „general store“, einen Gemischtwarenladen, und zwar dort, wo sich zwei viel genutzte Trails der Pelzhändler kreuzten. Genau diese Ecke – jedoch nicht McKinneys Laden – gibt es in Winnipeg noch heute: die T-Kreuzung von Portage Avenue und Main Street.

Trotz allem blieb die Siedlung bei The Forks ein bedeutungsloses Nest, wo zwar viele Menschen vorbeikamen, aber wenige blieben. Das änderte sich erst mit der Gründung der Provinz Manitoba im Jahr 1870, als die Provinzpolitiker begannen, sich nach einem Standort für eine Hauptstadt umzusehen. „Fort Garry liegt verkehrsgünstig und hat viel Potenzial“, fanden sie. Zu diesem Zeitpunkt bestand der Ort aus nicht viel mehr als einer Ansammlung von Bretterbuden.

Im Jahr 1881 aber fuhren die ersten Züge der Canadian Pacific Railway in den neuen Bahnhof von Winnipeg ein. Der Eisenbahnanschluss bildete den Auftakt zu einer rasanten wirtschaftlichen Entwicklung, und die Stadt wandelte sich zu einem bedeutenden Zentrum für Handel, Verwaltung und Finanzen. Scharen von Einwanderern fanden am Red River eine neue Heimat. Heute zählt Manitobas Metropole über 700.000 Einwohner.

Ein Bär namens Winnie

Bei ihrer Gründung 1873 benannte man die Stadt nach dem Lake Winnipeg. Dieser Name wiederum kommt aus der Sprache der Cree-Indianer und bedeutet „schlammiges Wasser“.

Mit der Stadt Winnipeg steht eines der bekanntesten Werke der Kinderliteratur in Zusammenhang: *Pu der Bär*, von A. A. Milne, im englischen Original *Winnie-The-Pooh*. Wie ist es dazu gekommen?

Bei Ausbruch des Ersten Weltkriegs im August 1914 meldete sich Leutnant Harry Colebourn, von Beruf Tierarzt, freiwillig zum Dienst an der Front. Er wollte sich um die Pferde in der Armee kümmern. Als der Zug, der ihn zum Militärstützpunkt Valcartier in der Provinz Québec bringen sollte, am Bahnhof von White River, Ontario, hielt, bot ihm jemand für zwanzig Dollar einen jungen Schwarzbären an. Ohne lange zu überlegen, kaufte Colebourn das Tier. Ein Jäger hatte die Bärenmutter getötet, das Junge dann aber wohl mitgenommen, denn es war offenbar an Menschen gewöhnt. Colebourn nannte das Bärenmädchen Winnie, nach seiner Heimatstadt Winnipeg.

Winnie begleitete ihren neuen Besitzer bis nach England, wo sie das Maskottchen von Colebourns Armeeeinheit wurde. Als der Leutnant bald darauf nach Frankreich weiterreisen musste, ließ er Winnie in der Obhut des Londoner Zoos. Nach Kriegsende wollte er sie mit nach Winnipeg nehmen, doch da Winnie sich so gut eingelebt hatte, durfte sie schließlich in London bleiben. Die Zoobesucher liebten sie, weil sie so verspielt und sanftmütig war.

Zu ihren größten Fans gehörte Christopher Robin, der Sohn des Schriftstellers A. A. Milne. Der kleine Junge war so angetan von Winnie, dass er seinem Teddybären, der bisher Edward Bear hieß, den Namen Winnie-the-Pooh gab. Das brachte seinen Vater auf die Idee, sich Geschichten über den Stoffbären auszudenken und sie für Kinder niederzuschreiben.

Die Leute in Winnipeg sind stolz auf ihre Verbindung zu dem berühmten Kinderbuchhelden. Zur Erinnerung an dessen reales Vorbild ließen sie im Assiniboine Park Zoo in Winnipeg, dem Zoo, der eigentlich Winnies Heimat hatte werden sollen, eine Skulptur aufstellen, die Leutnant Colebourn mit seinem kleinen Bären zeigt.

Das Hochwasser des Jahrhunderts

Wenn man am Ufer des Red River spazieren geht, vielleicht an einem freundlichen Sommertag, und sieht, wie sich der blaue Himmel in seiner Oberfläche spiegelt und wie das Wasser träge und verträumt kaum merklich dahinfließt, dann traut man diesem Fluss nichts Böses zu. Und doch hat der Red River schon viel Unheil angerichtet. So mancher ältere Bewohner von Winnipeg kann sich noch gut an die Flutkatastrophe von 1950 erinnern.

The Forks liegt mitten in einem natürlichen Becken, das durch den Red River und seine Zuflüsse gebildet wird. Eine Landschaft so flach wie ein Brett: Nirgendwo erhebt sich ein Berg, ja, nicht einmal ein Hügel, der den Fluss aufhalten würde, wenn er einmal aus seinem Bett herausgeschwappt ist. Zudem hatte der Red River mit seinem geringen Gefälle nie die Kraft, tiefe Täler und Schluchten zu formen, die den Überschuss an Wasser aufnehmen könnten. Und manchmal ist im Frühjahr sogar der Abfluss verstopft: nämlich immer dann, wenn der Fluss, der ja aus dem wärmeren Süden kommt, weiter nördlich auf eine Eisbarriere trifft, die seinen Weg zur Mündung versperrt. Manitoba ist bekannt für seine langen und frostigen Winter.

All diese Risiken tragen dazu bei, dass der Red River gelegentlich über die Ufer tritt. Was keineswegs bedeutet, dass sich in seinem Einzugsgebiet ständig Katastrophen abspielen. Im Jahr 1950 lag die letzte große Überflutung rund hundert Jahre zurück. In diesem Zeitraum jedoch hatte sich viel geändert: Winnipeg entwickelte sich zu einer Großstadt mit dichter Bebauung. Niemand berücksichtigte, dass es sich bei dem Baugrund um die Schwemmebene des Flusses handelte. Gleichzeitig war die Prärie, deren Grasland das Regen- und

Schmelzwasser noch hätte halten können, in Ackerflächen umgewandelt worden.

Es war ein seltenes Zusammenspiel verschiedener Faktoren, die den Red River im April 1950 anschwellen ließen. Während der Regenfälle des vorangegangenen Herbstes hatte sich der Boden vollgesogen wie ein Schwamm, und die nachfolgende Winterkälte ließ die Erde steinhart gefrieren. Erst spät legte sich eine Schneedecke auf das Land. Als im Frühjahr auf einmal laue Winde wehten und der Schnee unter den wärmenden Sonnenstrahlen zu schmelzen begann, konnte das Schmelzwasser nicht in den hart gefrorenen Boden eindringen und suchte sich stattdessen den Weg in die Flüsse. Doch dort ließ die Sonne nun das Eis aufbrechen, und dicke Eisschollen blockierten den Weg des Wassers.

Der Pegel des Red River stieg so rapide an, wie es noch nie jemand erlebt hatte. Unaufhaltsam überspülten die Fluten das Land südlich der Stadt, setzten Farmen und Dörfer unter Wasser. Eine meterhohe Flutwelle näherte sich Winnipeg und versetzte die Menschen in Angst und Schrecken. Am 8. Mai erreichte der Fluss in der Stadt seinen höchsten Pegelstand seit 1861. Als die acht Deiche brachen, die Winnipeg bisher geschützt hatten, ergossen sich die trüben braunen Wassermassen ungehindert in fast alle Stadtviertel. Im Süden Manitobas entstand ein See, der sich auf einer Fläche von mehr als 1.500 Quadratkilometern ausdehnte – annähernd die dreifache Größe des Bodensees. Soldaten der Armee sowie Helfer des Roten Kreuzes und der Heilsarmee mussten rund 70.000 Menschen aus Häusern und Büros evakuieren.

Fassungslos blickten die Politiker auf die zerstörte Stadt, und ihnen wurde klar, dass sie das Risiko zu lange ignoriert hatten. Der Gesamtschaden, so stellte sich nach Schätzungen heraus, umfasste eine Summe von fast einer Milliarde Dollar.

Schon Jahre zuvor hatten die Ingenieure erste Pläne für einen Kanal ausgearbeitet, der um die Stadt herumführen und das Hochwasser ableiten sollte. „Viel zu teuer!", riefen die zuständigen Entscheidungsträger, und diese Meinung vertrat die Provinzregierung selbst nach der Katastrophe noch. Als 1958 jedoch Parlamentswahlen stattfanden, konnte sich ein Kandidat durchsetzen, der einen umfassenden Hochwasserschutz versprach. Er hieß Duff Roblin, und während seiner Amtszeit als Premierminister der Provinz wurde das Projekt in Angriff genommen. Die Presse nannte den Flutgraben spöttisch „Duff's Ditch", Duffs Graben.

Später aber spottete niemand mehr, denn der Red River Floodway hat die Stadt seit seiner Fertigstellung im März 1968 schon viele Male vor Überflutung geschützt. Der 47 Kilometer lange Kanal zweigt südlich des Großraums Winnipeg vom Red River ab und führt im Osten um die Stadt herum, um dann im Norden bei Lockport wieder in den Fluss zu münden. Der Durchfluss des Wassers wird durch Fluttore geregelt. Nach einer erneuten Flut mit gefährlich hohen Pegeln im Jahr 1997, die aber in Winnipeg wenig Schaden anrichtete, wurde das System des Hochwasserschutzes noch einmal erweitert.

Die Launen des Red River können der Stadt nichts mehr anhaben. Winnipeg hat den roten Fluss erfolgreich gezähmt.

Pecan Honey Walleye – Walleye-Filet mit Pekannüssen und Honig

Zutaten für 4 Personen:

4 große Walleye-Filets,
alternativ Zanderfilets
70 g Mehl
3 Eier
115 g Paniermehl
110 g Pekannüsse
2 El Petersilie
Salz und Pfeffer
2 El Öl zum Braten
1 El Butter
3 El Honig

Zubereitung:

Pekannüsse und Petersilie hacken und zusammen mit dem Paniermehl in einer Schüssel vermischen. In einem tiefen Teller die Eier verquirlen. Zanderfilets waschen, mit Küchenpapier abtupfen und in Mehl wälzen. Auf beiden Seiten gut salzen und pfeffern. In den verquirlten Eiern wälzen, danach in die Nuss-Paniermehl-Mischung drücken.

Öl und Butter bei mittlerer Hitze in einer großen Pfanne heiß werden lassen. Jeweils 2 Filets für 2 bis 3 Minuten braten, dann wenden und weitere 2 Minuten braten. Anschließend mit Honig bestreichen. Mit frischem Salat servieren.

Der Walleye, ein enger Verwandter des europäischen Zanders, ist ein stattlicher Süßwasserfisch und erfreut sich bei den Anglern in Manitoba großer Beliebtheit. Er kommt auch im Red River vor.

Volksheld und Verräter – Louis Riel, Führer der Métis

Reif hatte sich auf die wogenden Gräser der Prärie gelegt. Die Sonne war bereits aufgegangen, hell fielen ihre Strahlen auf das weite Land, doch ihre Wärme vermochte es nicht, die Eiskristalle an den grünen Halmen zu schmelzen. Zu frostig war dieser Herbstmorgen.

Im Hof der Polizeikaserne von Regina, der Hauptstadt der Nordwest-Territorien, kniete um acht Uhr in der Frühe ein Häftling auf dem Boden. Er hieß Louis Riel und war 41 Jahre alt. Die dunklen Locken hatte man ihm vom Kopf geschoren. Sein kahler Kopf glänzte im flackernden Licht der Kerze, die vor ihm stand.

Riel hielt ein Kruzifix aus Elfenbein in seinen Händen. Neben ihm kniete als geistlicher Beistand ein Priester, Pater Alexis André. Sie beteten gemeinsam. Als Riel zum Schafott geführt wurde, begann er das Vaterunser zu sprechen. Bei den Worten „Und führe uns nicht in Versuchung ..." legte der Henker ihm die Schlinge um den Hals. Mit leiser, monotoner Stimme fuhr Riel fort: „Sondern erlöse uns ...", doch weiter kam er nicht.

Louis Riel starb am 16. November 1885. Der Verräter erhielt seine gerechte Strafe – oder war Riel womöglich gar kein Verräter, sondern ein Mann, der sich um sein Land verdient gemacht hatte? Diese Frage gibt selbst heute noch

Anlass zu Kontroversen. Die Métis jedenfalls sehen ihn als Helden an.

Der französische Begriff „métis“, auf Deutsch „Mestizen“, bezieht sich auf die Nachkommen indianisch-europäischer Eltern. Die Bezeichnung stammt aus der Zeit des Kolonialismus und gilt mittlerweile als überholt. In Kanada jedoch hat das Wort „Métis“, als Eigenname großgeschrieben, eine ganz spezifische Bedeutung. Die europäischen Pelzhändler, die ab dem frühen 17. Jahrhundert ins heutige Kanada kamen, gingen häufig Beziehungen zu indianischen Frauen ein. Die Kinder, die aus diesen Verbindungen hervorgingen, bezeichnete man als Métis, und so nennen sich deren Nachfahren heute noch. Neben den First Nations und den Inuit sind die Métis als eines der drei indigenen Völker Kanadas anerkannt.

Auch Louis Riel gehörte dieser Volksgruppe an. Er wurde 1844 geboren und war das älteste Kind einer angesehenen frankokanadischen Métis-Familie in Saint Boniface, einem Missionsstandort. Saint Boniface ist heute ein Stadtteil von Winnipeg und lag damals im Gebiet der Red-River-Kolonie. Diese Kolonie wiederum war Teil von Rupert's Land und verdankte ihre Entstehung dem Einsatz des schottischen Earl of Selkirk.

Die Kolonie am roten Fluss

Der Graf verfolgte ein Siedlungsprojekt: Er wollte schottische Bauern, die man aus den Highlands vertrieben hatte, in Britisch-Nordamerika ansiedeln. Und welche Gegend hätte sich da besser geeignet als die immensen menschenleeren Landflächen der Hudson's Bay Company? Als Anteilseigner der Gesellschaft konnte er bewirken, dass ihm ein großes Stück Land zwischen Red River und Assiniboine River überlassen wurde – 300.000 Quadratkilometer zum symbolischen Preis von zehn Schilling. Und so kam es im Jahr 1811 zur Gründung der Red-River-Kolonie.

Das jedoch gefiel der North West Company nicht, die damals noch der Erzrivale der Hudson's Bay Company war. Der Konkurrent versuchte alles, um den neuen Siedlern das Leben schwer zu machen, vertrieb sie von ihrem Land, brannte ihre Häuser nieder und zerstörte ihre Ernten. Der Graf holte schließlich eine Truppe von hundert Schweizer Söldnern in die Kolonie, um die geplagten Siedler zu schützen. Gegen andere Plagen wie Missernten, Heuschreckenschwärme und verheerende Überflutungen allerdings konnten die Soldaten nichts ausrichten. Der Graf und seine Farmer gaben schließlich auf, und die Hudson's Bay Company übernahm wieder die Verwaltung des Gebiets.

Inzwischen aber hatten sich andere Gruppen in der Red-River-Kolonie angesiedelt. Als die beiden Gesellschaften 1821 fusionierten, verloren hunderte von Métis, die für die North West Company tätig gewesen waren, ihre Jobs. Die arbeitslosen Métis zogen nun mit ihren Familien in die Kolonie und stellten dort bald die Bevölkerungsmehrheit. Das Monopol für jede Art von Geschäftstätigkeit lag zwar rechtmäßig bei der Hudson's Bay Company, doch darauf konnten die Métis keine Rücksicht nehmen. Sie gründeten eigene Handels- und Transportunternehmen und betrieben nun Geschäfte auf eigene Rechnung.

Die Hudson's Bay Company war nicht amüsiert. Im Jahr 1849 brachte sie eine Gruppe von Métis vor Gericht, die man beim illegalen Pelzhandel erwischt hatte. Das Gericht befand die Angeklagten zwar für schuldig, entschied aber, sie nicht zu bestrafen – in der Theorie ein Sieg für die Handelsgesellschaft, praktisch jedoch für die Métis-Community. Prompt jubelten die Leute: „Der Handel ist frei, der Handel ist frei!"

Vielleicht war dieser Prozess bereits das erste Anzeichen für den Niedergang des Monopolisten. Mehr und mehr erschien die Hudson's Bay Company als Entwicklungsbremse für das Land. Als am 1. Juli 1867 der British North America Act in Kraft trat, das Gesetz, das Kanada zur Nation erklärte, wurde es höchste Zeit, mit der behäbigen alten Tante HBC in ernsthafte Verhandlungen zu treten. Im Jahr 1870, genau 200 Jahre nach ihrer Gründung, musste die Gesellschaft ihr Territorium dem Staat Kanada übergeben, jedoch nicht ohne eine angemessene Entschädigung.

Die Partner in diesem Geschäft, das heißt, die britische Krone, die kanadische Regierung und die HBC, behandelten den Deal wie einen Grundstücksverkauf. Dass aber in diesem riesigen Gebiet nicht nur Pelztiere lebten, sondern auch Menschen, vorwiegend Indianer und Métis, hatte in den Verträgen niemand berücksichtigt.

Premierminister Macdonald bemerkte sehr wohl, dass Regelungen für die Bewohner des Territoriums fehlten. Im Gespräch mit einem Freund sagte er stirnrunzelnd: „Alles, was diese armen Leute wissen, ist, dass Kanada das Land von der Hudson's Bay Company gekauft hat und dass sie wie eine Herde Schafe an uns übergeben werden sollen."

Er wusste noch nicht, dass die Métis unter der Führung eines gewissen Louis Riel keineswegs vorhatten, sich brav wie Schafe in eine Vereinigung mit Kanada treiben zu lassen.

Ein fataler Fehler

Riel, der aus einer streng katholischen Familie stammte, besuchte mehrere Jahre lang ein Priesterseminar in Montréal. Doch kurz vor dem Ende seiner Ausbildung verließ er das Seminar, nahm verschiedene Jobs an und kehrte dann wieder in die Red-River-Kolonie zurück. Er kam zur rechten Zeit, denn unter den Métis breitete sich zunehmend Unruhe aus. Noch bevor die Verträge mit der HBC rechtskräftig wurden, schickte die Regierung in Ottawa eine Truppe von Landvermessern in das zukünftige kanadische Territorium. Sie sollten das Gebiet vermessen und neu abstecken, unter Missachtung der bestehenden Rechte.

Die Métis waren empört. „Sie wollen uns unser Land wegnehmen? Dagegen werden wir uns wehren!“ Sie gründeten ein Nationalkomitee und wählten den jungen Riel, der redegewandt war und über Bildung verfügte, zu ihrem Präsidenten. Die von Riel angeführten Métis hinderten die Landvermesser an ihrer Arbeit, errichteten eine Straßensperre, damit der designierte Vizegouverneur des Territoriums ihr Siedlungsgebiet nicht betreten konnte, und besetzten Fort Garry, wo sich das Nationalkomitee zur vorläufigen Regierung des Gebiets erklärte.

Worum ging es Riel und seinen Mitstreitern? Sie wollten erreichen, dass die Red-River-Kolonie als Provinz Manitoba in das Dominion of Canada aufgenommen wurde, und machten dabei zur Bedingung, dass die Métis ihre Landrechte behalten und weiterhin ihre Kultur und Sprache pflegen durften.

Während Riel das Fort besetzt hielt, begab sich eine Delegation der Métis nach Ottawa, um mit der Regierung zu verhandeln. Ihre Bemühungen waren erfolgreich und resultierten 1870 in der Verabschiedung des Manitoba Act, dem Gesetzesbeschluss, der Manitoba als neue Provinz aus der Taufe hob. Weil dieses politische Gebilde eine rechteckige Form besaß und anfangs so klein war, dass es auf den Landkarten wie eine aufgeklebte Briefmarke aussah, wurde es einige Jahre lang als „Briefmarkenprovinz“ verspottet.

Doch was hatte sich in der Zwischenzeit in Fort Garry ereignet? Die Situation dort war brenzlig geworden. Die Métis hatten eine Truppe bewaffneter Kanadier, die die provisorische Regierung bedrohten, gefangen genommen. Unter den Gefangenen befand sich ein junger Mann aus Ontario, Thomas Scott, ein fanatischer Protestant mit rassistischer Gesinnung, der die Métis verachtete. Er randalierte, beschimpfte seine Wärter und kündigte an, Riel nach seiner Befreiung ermorden zu wollen. Als die Lage sich weiter zuspitzte, verurteilte ihn eine vierköpfige Jury zum Tode. Am 4. März 1870 wurde Scott erschossen.

Das Urteil war nicht nur unmenschlich, sondern auch politisch unklug. Riel hätte intervenieren können, wollte aber den Kanadiern gegenüber Macht demonstrieren – und das sollte sich als der größte Fehler seiner politischen Laufbahn erweisen. Denn nun entstand in Ontario ein großer öffentlicher Aufruhr. Truppen wurden nach Fort Garry entsandt, Riel musste außer Landes fliehen, und damit endete die Red-River-Rebellion.

Riel hätte die Chance gehabt, ein angesehener Politiker zu werden. Von seinem Volk wurde er dreimal als Abgeordneter ins kanadische Parlament gewählt. Doch weil die Regierung ihm die Verantwortung für den Mord gab, konnte er das Mandat nie antreten.

Der Prophet

Der Manitoba Act regelte zwar die Landrechte, zumindest auf dem Papier, doch das nützte den Métis nicht viel, weil sie nicht nur von der Landwirtschaft lebten, sondern auch von der Bisonjagd. In Manitoba aber waren die Bisonbestände aufgrund der gezielten Ausrottung bereits stark dezimiert, deshalb zogen zahlreiche Métis in den nachfolgenden Jahren weiter nach Westen in die heutige Provinz Saskatchewan.

Dort allerdings ergab sich eine ähnliche Lage wie in Manitoba, und wieder wandten sich die Métis an Louis Riel, damit er ihnen half, ihre Rechte durchzusetzen. Unter seiner Führung kam es 1885 zu einem Aufstand, der Nordwest-Rebellion. Gegen die Übermacht der Regierungstruppen, die mittlerweile bequem mit der Eisenbahn anreisen konnten, hatten die Aufständischen jedoch keine Chance. Riel wurde wegen Hochverrats angeklagt und schließlich zum Tode verurteilt.

In den Geschichtsbüchern Kanadas füllen die Details und Hintergründe des Prozesses unzählige Seiten. Ging es wirklich um Gerechtigkeit oder vor allem darum, den unbequemen Anführer einer Minderheit auszuschalten? In den britisch und protestantisch geprägten Provinzen sah man Riel als Verräter an. Die französischsprachigen, katholischen Kanadier dagegen betrachteten ihn als Volkshelden.

Louis Riel als Person war ein schillernder Charakter. Während seines Exils in den USA hatte er wiederholt Visionen und glaubte, von Gott auserwählt zu sein, als Prophet und Führer der Métis. Zeitweise wurde seine geistige Verfassung so instabil, dass er mehrere Monate in Einrichtungen für psychisch Kranke verbringen musste. Als es jedoch darum ging, für die Rechte seines Volkes zu kämpfen, zeigte er keinerlei Anzeichen einer geistigen Verwirrung. In dem Schlussplädoyer, das er am Ende des Prozesses hielt, rechtfertigte er seine Taten schlüssig und äußerst redegewandt – was ihm allerdings auch nicht half.

„Er wird hängen, selbst wenn jeder Hund in Québec zu seinen Gunsten bellt", soll Macdonald gesagt haben.

Inzwischen gilt Louis Riel als einer der Väter der Konföderation, ein wichtiger Akteur bei der Vereinigung der Nation. Er setzte sich für Zweisprachigkeit, Multikulturalismus, Toleranz gegenüber Minderheiten und soziale Gerechtigkeit ein – Werte, die auch das heutige Kanada hochhält.

Métis Bannock – Fladenbrot nach Art der Métis

Zutaten:

420 g Vollkornmehl
2 El Backpulver
1 Tl Zucker
½ Tl Salz
100 g Butter oder Margarine
200 – 250 ml Wasser

Zubereitung:

Mehl, Backpulver, Zucker und Salz mischen. Mit den Händen Butter oder Margarine einarbeiten, bis Streusel entstehen. Nach und nach Wasser einrühren. Gut durchkneten. Der Teig soll weich, aber nicht klebrig sein.

Backofen auf 220°C vorheizen. Teig zu einer Kugel formen, auf ein gefettetes Backblech legen und dann zu einem etwa 2,5 cm dicken Fladen ausrollen. Im Backofen backen, bis der Fladen leicht gebräunt ist, etwa 25 Minuten. Noch warm genießen.

Bannockbrot schmeckt sowohl mit Butter und Marmelade als auch mit einem herzhaften Belag.

Bannock stammt ursprünglich aus den schottischen Highlands. Ab Mitte des 18. Jahrhunderts begann das Fladenbrot, sich bei den Ureinwohnern Kanadas zu verbreiten. Man kann es auch draußen in einer Eisenpfanne über dem Feuer backen.

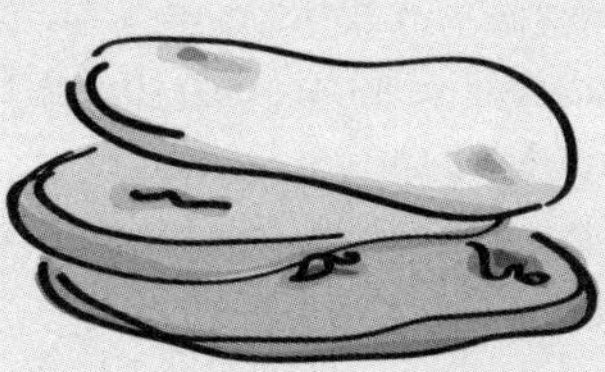

Die verzauberte Eule – Cape Dorset, Hauptstadt der Inuit-Kunst

Vor vielen Jahren bekam ich ein ganz besonderes Buch geschenkt, eine Zusammenstellung von Bildern, die kanadische Inuit-Künstler angefertigt hatten. Staunend und mit zunehmender Faszination blätterte ich eine Seite nach der anderen um, geradezu magisch angezogen von der fremden Welt des eisigen Nordens. Ich sah Eisbären, Karibus und Wölfe, Vogelwesen mit fein herausgearbeitetem Federkleid, Menschen mit Fischleibern und Inuit in traditioneller Kleidung bei der Jagd.

Es handelte sich um einen Band mit Grafiken aus Cape Dorset, einer Inuit-Siedlung auf dem Inselchen Dorset Island. Es liegt an der Südspitze von Baffin Island und direkt an der Hudson Strait, der Meerenge, die den Nordatlantik mit der Hudson Bay verbindet. Baffin Island, die fünftgrößte Insel der Welt, ist Teil des kanadischen Territoriums Nunavut. Dieses Gebiet wurde 1999 von den Nordwest-Territorien abgespalten und den Inuit zur weitgehenden Selbstverwaltung übergeben.

Wer sich die Karte Kanadas anschaut, erkennt, dass das Festland im Norden in ein Gewirr von großen und kleinen Inseln übergeht. Das ist der kanadisch-arktische Archipel. Die Geografen haben die Tupfer auf der Landkarte genau gezählt und sind auf 36.563 Inseln gekommen, und der größte Teil davon gehört zu Nunavut.

Das Territorium umfasst eine Landfläche, die fast sechsmal so groß ist wie Deutschland. In dieser unermesslichen Weite leben nur 39.000 Menschen, verteilt auf eine überschaubare Anzahl von Siedlungen. Iqaluit, die Hauptstadt im Süden von Baffin Island, ist mit 7.700 Einwohnern eine richtige kleine Stadt und wirbt für sich mit dem Slogan „Canada's coolest arctic capital". Im Winter verzaubern Nordlichter den Himmel, während der kurze Sommer mit seinen langen, hellen Tagen in der Tundra ein Meer bunter Wildblumen zum Blühen bringt.

Iqaluit ist zwar in der jahrtausendealten Tradition der Inuit verwurzelt, trägt aber gleichzeitig unverkennbar kanadische Züge. Jeder Kanadier, ganz gleich, aus welchem Winkel des Landes er stammen mag, wird in der Stadt ein vertrautes Stück Heimat vorfinden: Es gibt gleich drei Filialen von Tim Hortons, der bekannten und allgegenwärtigen Café- und Restaurantkette.

Vom Teenager bis zum betagten Rentner, für sie alle ist der örtliche Tim Hortons Treffpunkt und Stammlokal, ob in St. John's, Neufundland, auf Vancouver Island oder eben in Iqaluit. Die Leute, die hier wohnen, fühlen sich als Kanadier und betrachten es deshalb als ihr Grundrecht, heißen Kaffee aus den typischen roten Pappbechern zu genießen, nebst einigen der sehr süßen Teilchen. Das Unternehmen Tim Hortons zeigte Verständnis, scheute keinen Aufwand und eröffnete 2010 die erste Filiale in der abgelegenen Tundra-Town. Inzwischen gibt es in Nunavut schon zwölf Cafés mit dem rotweißen Logo. In Cape Dorset allerdings müssen die Bewohner nach wie vor gewöhnlichen Kaffee trinken.

Menschen mit viel Talent

Eines Tages traf in Cape Dorset ein Besucher ein, der das Leben der Menschen in der Siedlung verändern sollte. Der aus Ontario stammende Künstler und Schriftsteller James Houston war bereits jahrelang durch die Arktis gezogen und hatte sich immer wieder für längere Zeit in einer der Inuit-Siedlungen aufgehalten. Im Sommer 1948 kam er nach Inukjuak im Norden Québecs, um die Landschaft und ihre Bewohner zu malen. Seine Bilder tauschte er bei einem Inuit-Jäger vor Ort gegen eine kleine Hirsch-Skulptur aus Speckstein ein.

Wie kunstfertig diese Figur gearbeitet war! Beeindruckt ließ Houston sich weitere Skulpturen zeigen, und als er am Ende des Sommers abreiste, nahm er eine Auswahl von Kunstwerken mit, um sie bei der Vereinigung für kanadisches Kunsthandwerk, einer staatlichen Non-Profit-Organisation, vorzulegen. Die Fachleute erkannten sofort den künstlerischen Wert der Figuren. „Mr. Houston, wir brauchen mehr davon!“, hieß es, und so reiste der Künstler zurück zu den Siedlungen im hohen Norden. Bei seiner Rückkehr hatte er mehrere große Kartons mit Kunstgegenständen im Gepäck. Die erste Ausstellung mit Inuit-Kunst wurde ein Überraschungserfolg – innerhalb kürzester Zeit hatten alle Objekte einen Käufer gefunden.

Daraufhin stellte die Regierung Mittel zur Verfügung, in den Inuit-Dörfern Kunst und Kunsthandwerk zu fördern und entsprechende Absatzmärkte zu entwickeln. Der ideale Mann für diese Aufgabe war James Houston. Im Auftrag der Regierung zog er für einige Zeit nach Cape Dorset, um die örtlichen Künstler beratend zu unterstützen.

Nachdem der Handel mit den Steinskulpturen etabliert war, probierte Houston etwas Neues aus: 1957 veranstaltete er in der Siedlung seinen ersten Workshop über künstlerische Grafiktechniken. Begeistert experimentierten die einheimischen Teilnehmer mit Linol-, Holz- und Kupferschnitt, Steindruck und Radierung. Diese Methoden boten ihnen weitere Möglichkeiten, die traditionellen Motive zu gestalten, ob Szenen aus dem Alltag, die Tiere der Polarregion oder Symbolfiguren der spirituellen Welt.

Seit 1959 erscheint jedes Jahr ein Band mit den neuesten Grafiken, und einer davon liegt gerade auf meinem Schreibtisch. Stolz bezeichnet sich Cape Dorset als Hauptstadt der Inuit-Kunst. Auch im 21. Jahrhundert ist die Herstellung von Grafiken und Schnitzereien der wichtigste Wirtschaftszweig des Ortes geblieben. Die Kunstwerke werden mittlerweile in zahlreichen Galerien verkauft, nicht nur in Kanada, sondern auch in den USA und in Europa.

Das kreative Schaffen, verbunden mit der positiven Resonanz darauf, hat den Ureinwohnern geholfen, wieder Kraft aus ihrer Tradition zu schöpfen. Nach wie vor lasten die Schatten der Zwangsassimilierung, der die indigenen Völker Kanadas unterworfen waren, auf dem Leben vieler Menschen. Mehr als hundert Jahre lang galt das Dekret, die Kinder der Ureinwohner aus ihren Familien zu entfernen und in Internaten unterzubringen, den berüchtigten „Residential Schools“. Dort durften sie ihre Muttersprache nicht sprechen und wurden nur allzu oft vernachlässigt, misshandelt und missbraucht. Die sozialen und seelischen Folgen sind bis heute spürbar.

Cape Dorset hat im Laufe der Jahrzehnte bedeutende Künstler und Künstlerinnen hervorgebracht. Eine von ihnen war Kenojuak Ashevak. Sie wurde 1927 in einem Camp in der Nähe des Dorfes geboren, zu einer Zeit, als die meisten Inuit noch als Nomaden lebten. Kenojuak wuchs bei ihren Großeltern auf und führte danach mit ihrem Ehemann Johnniebo ein

Leben nach alter Tradition. Dann aber kam James Houston in die Siedlung und ermutigte die Menschen, zu zeichnen und ihre Bilder in Druckgrafiken zu übertragen. Damit öffnete sich für Kenojuak eine ganz neue Welt.

Als sie Houston ihre ersten Zeichnungen zeigen sollte, war sie zunächst etwas ängstlich. Wie würde er reagieren? Die Bilder kamen ihr so bedeutungslos vor. Mit der Zeit jedoch wurde sie mutiger und entwickelte ihren eigenen Stil.

Schon immer hatten die Inuit Figuren geschnitzt oder Felle und Kleidung mit Mustern und Tierdarstellungen verziert. Das sei doch nichts Besonderes, meinten sie zuerst. Nun konnten sie es selbst kaum glauben, dass bei ihnen im hohen Norden Menschen mit so viel Talent zu Hause waren. Jemand wie Kenojuak zum Beispiel. Kritiker und Sammler betrachteten ihre Werke mit ungläubigem Staunen – diese Künstlerin brachte etwas ganz Neues in die Welt! Ihre wunderschönen, fein ausgearbeiteten Grafiken waren mit keiner existierenden Stilrichtung zu vergleichen.

Ich blättere noch einmal durch mein Buch und finde dabei auch Bilder von Kenojuak. Eines davon gefällt mir besonders gut, es heißt „Bird in a Summer Sky“, Vogel am Sommerhimmel. Der mit kräftigem Flügelschlag dahinfliegende Vogel in seinem gelb-schwarzen Federkleid streckt seine Krallen weit nach hinten aus. Seine Schwanzfedern, die wie ein Blumenstrauß aufgefächert sind, bestehen aus gelben und dunkelroten Tupfen in Tropfenform.

Auf der gegenüberliegenden Seite blickt mich eine sehr charmante Eule an. Breitbeinig und selbstbewusst steht sie da, ihr Gefieder ist in vollkommener Symmetrie nach oben und zu den Seiten abgespreizt. Eulen waren Kenojuaks Lieblingsmotiv. Fast alle Kanadier kennen das Bild mit dem Titel „The Enchanted Owl“. Die verzauberte Eule ziert Briefmarken und

Buchcover, und seit Neuestem sieht man sie auch als Wandbild im Flughafengebäude von Iqaluit.

Kenojuak fand ihre Motive in der Natur und in den Legenden ihres Volkes. Phantasievoll gestaltete Tiere und mythologische Wesen, wiedergegeben in klaren Formen und kräftigen Farben, so lässt sich ihr Stil beschreiben. Ihre Figuren strahlen viel Lebendigkeit aus und scheinen alle einen eigenen Charakter zu besitzen.

Als Kenojuak 2013 starb, hinterließ sie ein umfangreiches Werk, hauptsächlich Grafiken sowie Zeichnungen, die sie mit Bleistift, Buntstift oder Filzstift angefertigt hatte. Im Herbst 2018 wurde in Cape Dorset ein Kunst- und Kulturzentrum eröffnet, das ihren Namen trägt: Kenojuak Cultural Centre.

Freie Fahrt durchs Nordpolarmeer

Nach Cape Dorset wurde eine Kultur benannt, die vielen Archäologen bekannt sein dürfte: die Dorset-Kultur, die auf den Zeitraum von 500 v. Chr. bis 1500 n. Chr. datiert wird. Um das Jahr 1000 wanderten die Thule-Inuit, die Vorfahren der heutigen Ureinwohner der Arktis, aus Alaska ein, dehnten ihren Siedlungsraum immer weiter nach Osten aus und verdrängten schließlich die Dorset-Leute.

Spuren der Dorset-Kultur fand man in den meisten Küstenregionen der kanadischen Polargebiete, vor allem zahlreiche kleine Eisbär-Figuren, die die Menschen dort vor langer Zeit aus Walrosselfenbein geschnitzt haben. Offenbar hatten schon die Dorset-Menschen Freude an der künstlerischen Gestaltung. Warum jedoch gerade der Eisbär eine so bedeutende Rolle in ihrer Vorstellungswelt spielte, kann niemand genau sagen.

Wie wird die Zukunft der Bewohner von Nunavut aussehen? Mit der Ankunft der Europäer erlebten sie den ersten großen Wandel, eingeleitet durch den Kontakt mit den Pelzhändlern der Hudson's Bay Company. Jetzt könnte ein Wandel ganz anderer Art bevorstehen, denn die Luft in der Polarregion erwärmt sich in einem Maße, mit dem auch Klimaforscher nicht gerechnet haben.

Mitten durch den kanadischen Archipel führt die legendäre Nordwestpassage, von der Baffin Bay im Osten bis in die Beaufort-See im Westen. Immer wieder in den letzten 400 Jahren sind ambitionierte Entdecker zu Expeditionen aufgebrochen, um den Seeweg ausfindig zu machen, der die Schiffsreise zwischen Europa und Ostasien entscheidend verkürzt hätte. Ohne jeden Erfolg, denn das dicke Eis, das die Meeresstraßen zwischen den Inseln blockierte, machte eine Durchfahrt selbst im Sommer vollkommen unmöglich. Bis das Eis zurückzuweichen begann.

Anfang 2019 stellte man anhand von Satellitenaufnahmen fest, dass das Volumen des sommerlichen Meereises seit 1979, dem Beginn der Messungen, um 80 Prozent zurückgegangen war, und das bedeutet: freie Fahrt durchs Nordpolarmeer. In den vergangenen Jahren durchquerten nur einzelne Kreuzfahrt- und Handelsschiffe die Nordwestpassage, inzwischen aber nimmt der Schiffsverkehr mit jedem Sommer zu. Und da sich auch ungebetene Gäste aus fremden Nationen einstellen könnten, schickt Kanada seit einigen Jahren Patrouillen seiner Streitkräfte in die eisigen Gegenden.

Wenn sich die gegenwärtige Entwicklung fortsetzt, werden in der Arktis Hafenanlagen und Stützpunkte von Bergbauunternehmen aus dem Boden wachsen. Schon heute werfen Investoren begehrliche Blicke in die Polarregionen, weil unter der Eisdecke wertvolle Rohstoffe lagern.

Wie sich der Wandel in ihrem Territorium vollzieht, werden die Inuit diesmal jedoch mitbestimmen.

Arctic Char with Sesame and Maple Syrup – Seesaibling mit Sesam und Ahornsirup

Zutaten für 4 Personen:

4 Seesaiblingfilets
40 g Sesamsamen, geröstet
200 ml Ahornsirup
50 g brauner Zucker
2 El Sojasoße
½ Tl schwarzer Pfeffer
½ Tl Garam Masala (indische Gewürzmischung)

Zubereitung:

In einem Topf Ahornsirup, braunen Zucker, Sojasoße, schwarzen Pfeffer und Garam Masala verrühren. Bei mittlerer Hitze unter Rühren zu etwa 2/3 der Menge einreduzieren. Abkühlen lassen.

Seesaiblingfilets etwa 1 Stunde in der Flüssigkeit marinieren, anschließend in Sesamsamen wälzen. Backofen auf 180°C vorheizen. Eine Auflaufform mit Alufolie auslegen. Filets hineinlegen und 12 bis 15 Minuten backen.

Der Seesaibling ist ein Lachsfisch und kommt im Nordpolarmeer vor, insbesondere in der kanadischen Arktis. Er ähnelt Lachs oder Forelle, hat aber einen milderen und zarteren Geschmack. Die Inuit haben ihn früher roh oder gefroren verzehrt, weil der Kochprozess den Vitamingehalt verringert hätte.

Er wird auch heute noch gerne gefroren gegessen, kommt aber ebenso gebacken oder gegrillt mit importierten Zutaten auf den Tisch.

Das letzte Wort

Liebe Leserin, lieber Leser,

ich hoffe, Sie konnten einen Eindruck davon gewinnen, was für eine einzigartige, spannende Region der kanadische Westen ist, mit seinen wilden Landschaften, seiner Geschichte und den Menschen, die dort leben.

Gerne dürfen Sie mir schreiben und mir Ihre Gedanken und Kommentare zu diesem Buch mitteilen. Schicken Sie einfach eine Mail an: info@ghexamer.de

Schauen Sie auch auf meine Website www.ghexamer.de, dort finden Sie viele Fotos von Kanada und Hinweise auf meine weiteren Bücher.

Immer eine gute Reise wünscht Ihnen

Ihre
Gunhild Hexamer

Danksagung

Dank an Peter Schieche, meinen Lebens- und Reisebegleiter: Es ist wunderbar, all die Reiseerlebnisse mit dir zu teilen! Ich danke dir, dass du mir unterwegs so viel der lästigen Organisation abnimmst. Dank auch für deine Unterstützung, wenn es darum geht, Erlebnisse in Geschichten zu verwandeln. Dass du jedes Kapitel sofort liest, sobald ich den letzten Satz geschrieben habe, weiß ich sehr zu schätzen.

Mein Dank geht auch an die vielen freundlichen Menschen in Kanada, die uns interessante Tipps gaben und sich Zeit für Gespräche mit uns genommen haben, ob in B&Bs, Cafés, Museen oder Touristeninformationen.

Mein besonderer Dank gilt meiner langjährigen Freundin Almut Irmscher. Ohne dich gäbe es meine Reisebücher nicht! Ich habe viel von dir gelernt, und deine Korrekturen und kritischen Kommentare sind für mich sehr wertvoll.

Almut ist selbst Autorin und hat bereits viele wunderschöne Reisebücher verfasst, die ich Ihnen sehr empfehlen kann. Sie finden alle Informationen dazu auf der Website www.almutirmscher.de.

Pacific Ocean
Dawson City
Yukon Territory
Northwest Terri-tories
Nunavut
British Columbia
Fort McMurray
Alberta
Saskatchewan
Manito
Vancouver
Calgary
Regina
Vancouver Island
Victoria
Winnipeg

Cape Dorset
son Bay

Regenwald, Vancouver Island

Erdhörnchen am Rogers Pass

Grizzlybär

dian Paintbrush

Lake Agnes Teahouse

Totempfahl, Vancouver

oraine Lake

Amphitrite Point Lighthouse, Vancouver Island

Skunk Cabbage

Hosen von Georgia Engelhard, Rogers Pass

Mount Fitzwilliam

ontinental Divide, Vermilion Pass

Trans-Canada Highway Monument, Rogers Pass

Kanada – Buchtipp

In dem aktuellen Länderporträt über Kanada informieren Mechtild und Wolfgang Opel über alle Facetten des Landes: Von der Natur, der Umwelt und den Regionen über die Kultur, die Politik, die Wirtschaft bis hin zur Geschichte des Landes.

Mechtild und Wolfgang Opel
Kanada – Alles, was Sie über Kanada wissen müssen
18 x 21 cm, vierfarbig, 480 Seiten, 450 Abb., 27,50 €
MANA-Verlag, Berlin

Dieses Buch ist ausgezeichnet mit dem
ITB-Award 2020 (Gastland Kanada).